學佛入門 1

# 佛教入門

# INTRODUCTION OF BUDDHISM

聖嚴法師——著

# 目錄

## 上篇 佛陀示現



## 中篇 基本教義

## 下篇　修持方法

# 上篇

# 佛陀示現

# 如何理解佛教？

對於中國人而言，不論他信不信佛，在日常生活及習俗之中，多多少少，均有佛教的成分在內。相對地，中國的佛教，也不全同於印度或其他國家的佛教；因為佛教到了中國之後，經過近兩千年的發揚光大，早已接受了中國文化的影響，形成了中國化的佛教。所以中國佛教，是外來的文化，也是中國自身的文化。可是，當佛教深入中國的民間而成為普遍化的信仰之後，對於佛教的根本面貌，反而不為大眾所知；大眾所知的民間佛教，乃是為求現世利益而供觀音菩薩，為求死後安樂而供地藏菩薩，為了消災祈福而念藥師、彌陀。活著的時候，為了求財、求壽、求子、求福、求平安，而到寺院敬香許願；死了之後，即由親屬請了出家的僧尼，為之誦經超度。一般人所知的佛教，大約僅僅如此。當然，這些觀念和現象，站在做為宗教信仰的功用上說，佛教並不反對，只是佛教的內容和佛教的根本精神，並不僅是如此。

這也難怪，縱然是中國的知識分子，自佛教於兩漢之間，由西域傳到中國以來，雖有不少的人接受了佛教，且為佛教的弘揚和實踐做了偉大的貢獻。但是眾所周知，所謂儒、釋、道三家的優劣論爭，尚在其次，而以儒家或道家的立場，主張毀佛滅釋的史實，也是歷歷可數。他們所據的理由是「尊王攘夷」，為了維護中國的國粹，就不得不打倒或消滅來自印度的佛教。這些知識分子，大多不先要求自己理解佛教，便豎起了滅佛的招牌，例如唐代的韓愈，便是典型人物。有些是先有了儒勝釋劣的成見，再來閱讀佛書，並進而採用佛理來充實他們的儒學思想，但仍抱著入主出奴的觀念，排斥佛教，此如宋朝的朱熹，也是典型人物。此後所謂宋明的理學家，無不走著崇儒闢佛的思想路線，他們所持的理由，總以為佛教是出世遁世之學，儒家才是入世治世之學。道家則更有趣，排斥佛教，卻又模仿佛經的形式，抄襲佛典的內容，編造成道教的經典。實則，佛教傳入中國之前，僅有方士而尚無道教，毋寧說中國的道教，是由佛教哺育而成的中國宗教；中國的儒學也由於佛教的滋潤而開出了宋明理學的新境界。所以說誰是入世治世？誰是出世遁世？根本難以分辨。如說儒者治世，中國的政治，歷代多以儒學為主，可是王朝的興替治亂，始終都在變動之中，更可以說，近世中國之衰弱，便是整個中國文化所造成的，難道儒教沒有責任嗎？反而是佛教始終以在野的立場，盡化風易俗的義務，未嘗有政治權力的野心，卻從未逃避現實。假如說，佛教果真是消極避世的話，一般人信佛之後，便會脫離世俗，那麼還有誰來向世俗的大眾做宣化的工作呢？假如無人入世宣化佛的教法，佛教不唯不能傳來中國，來了中國也無能深入民間而成為最普遍化的宗教。

當然，現代的知識分子，不會再以中國的儒家為正統而來排拒佛教；但也不是絕對沒有，只是這種思想已不合時代潮流，因為儒家本身也正遭受著各種角度的攻擊，我們倒要反過來同情儒學的處境了。比如今天的世界潮流中，雖有很多歐美及日本的學者研究儒家思想，但其絕不會以儒家的兒孫自居，儒家所說的「道統」觀念，在他們是無法承受的。至於佛教，在世界各地都有人在研究、在信仰、在實踐，雖然也有不少學者僅將佛教當作學術研究，卻有著更多的人在研究佛教，也信仰佛教。

很久以來，最大的困難，乃是無法使得沒有宗教需求的人接受佛法。不信宗教和反宗教，有三種原因，一種是他們覺得宗教的信仰，對於自己無關緊要，不反對他人信仰，自己則不希望信仰；像這一種人，或可能當其遭遇世事的打擊、變故之時，在無可告援之際，會想到某一宗教的信仰，對自己可能有用，也可能終其一生，不會進入宗教之門。另有一種人對宗教抱有所謂「迷信」的成見，所以反對宗教；但當他們在求知的原則下，接觸宗教的人士或閱讀宗教的書物，經過一段審查的時間之後，就很可能改變反宗教的態度，如要他選擇哪一個宗教，做為終身的信仰，我可斷定他們將是選擇佛教，因為在所有的各宗教中，佛教在表面上雖也不無迷信的色彩，佛教的教義，卻是最不迷信的。再說第三種人，乃是屬於某種主義或思想的忠實信徒，他們對於宗教，打內心起，就存有極深的偏見，要他們不反對宗教，甚至信仰宗教的可能性，縱然是有，也很渺茫。這是世間相的相反處，也是相成處；沒有惡，顯不出善，沒有惡，也無需要善；宗教是為需要的人而存在，卻是為了無宗教信仰的大眾而產生宗教。有了反宗教的人，始能促使宗教精神的歷練與昇華；有了反對佛教的人，才能為佛教帶來新生的機運，所以，在大乘佛教的立場看惡魔，惡魔乃是修持逆行的大菩薩化現。因此，在佛教的立場，唯有盡其在我地努力弘化，絕不憎惡外來的打擊者與毀謗者。

以上所說的三種人，第一種人假如接受了宗教，那是不論什麼宗教，都有可能成為他們信仰的對象；第二種人如果接受宗教，必然是選擇佛教；第三種人終身不信宗教，佛教也不將他們視作惡魔。但是，佛教徒們自己以惡魔的身分來摧毀佛法者，歷史上不曾有過；因為若非大菩薩的化現，擁護佛教、修行佛法唯恐不及，豈敢破壞佛法！佛陀也曾再三叮嚀：佛子愛護佛法，應當比愛護他自己的身命還重要。

不過，已如前述，中國人之信仰佛教者，占的比數很多；真正理解佛教者，占的數目則很少了。原因是一般人所接觸的通俗的佛教信仰，已經變為神佛混淆，甚至被貶為低級的或原始宗教的鬼神信仰；加上少數的知識分子，在文字上對佛教加以歪曲的描述。所以，純正的佛教信仰是什麼？雖已有著佛教的三藏教典，做過極多的解釋工夫，然對現代的一般人而言，讀通佛教的經論，固屬不易，讀完三藏教典，也沒有必要。因此，有許多人，希望以最經濟的時間，即能理解佛教，對佛教得到一個基本的認識，這種概要性的、通俗性的佛教著作，以前不是沒有，唯其多局限於中國佛教的宗派介紹，或僅就某一個觀點介紹，或僅以某一階層的人做為介紹的對象而著筆。那些書，當然都是值得閱讀的文字，所感不足的是未做通盤性的介紹；因為，我們要理解佛教，最好從佛教之所以發生在印度的社會及時代背景為始，然後認識佛陀的人格、佛陀的思想、佛陀的教團，以及教團的發展和演變，歷史的傳流與擴張。佛陀的教義，經過長時間的傳述及註釋，加上廣闊面的繁衍及發揚，本質雖然未變，型態卻因時、地、人物的不同而有了各式各樣的表現；在這些型態之中，確有真正的佛教教義，不過也有不少是和真正的佛教並不相應的東西，我們應向讀者承認這些事實，並指出這些事實。

以下，將根據近世佛教學界，所得最新的研究成果，用中學生即可看得懂的通俗筆法，寫出十萬字左右的一冊書來，以提出問題和解答疑問的方式，將自印度開始的佛教教主、教理、教史、教儀等，做扼要和明確的介紹。

# 佛教為何出現在印度？

## 一、釋迦牟尼

在古代的印度，一個小小的城市國家，迦毘羅衛城，降生了一位王子，名叫悉達多，後來出家修道，成了無上智慧的徹悟者，也成了無量福德的圓滿者，更成了最高人格的究竟者，所以稱為「無上正等正覺」的佛陀。因為他是出生於釋迦族（Śākya）的一位聖人，故被尊稱為釋迦牟尼。

# 二、何謂佛教

自從佛陀創始了教團之後，到目前為止，大致上分成兩大系統，在世界各地傳流下來。南方的小乘系統，有錫蘭、緬甸、泰國、柬埔寨、寮國、越南等；北方的大乘系統，有中國（包括西藏）、朝鮮、日本等。它與猶太教、基督教和伊斯蘭教，並稱為四大宗教之一；但是，佛教與其他宗教的最大不同之點，在於「無神」的教義。不論任何宗教，若非崇拜多神的偶像，便是信奉一神的主宰；實際上，猶太教、基督教、伊斯蘭教，同出於一個根源，同屬於一神信仰的宗教。唯獨佛教，別樹一幟，主張因緣與因果，否定神的權威；因此，普通人以為，不信神的主宰，便會落於唯物的思想，站在佛教的立場，既不偏向唯神論的迷信，也不走向唯物論的極端，主張以合理的身心，促進個人以及協助他人的人格之完成。誰能達到這個目的，他便是成了佛陀的人。佛陀將他自己成佛的經驗和方法，告訴他的弟子們，弟子們一邊照著佛陀的話來修行，同時也輾轉地告訴他人，這便是以成佛的方法，教化人類大眾的佛教了。

佛教既然不同於唯神論和唯物論的偏激，所以是平易近人的宗教，更是寬容博大的宗教。為了理解佛教之所以出現在印度，不妨把佛陀出生以前的印度，介紹一下。

## 二、印度的民族

印度這個民族，自古以來，便相當神祕且複雜，在宗教信仰方面，尤其複雜而繁多，但在西元第八世紀之初的穆斯林入侵印度之前，印度尚未發生過宗教的戰爭，當穆斯林以武力征服之後，和平與慈悲的佛教，即首遭滅亡之禍。經過兩、三個世紀伊斯蘭教王朝的統治之下的印度，下層社會的民眾之間，也有不少人成了穆斯林，起而與其原來的印度教對立，此後，印、伊兩個宗教之間，戰禍連綿，迄今未了。第二次世界戰爭結束之際，印度從英國統治了三百年的殖民政府之下，獲得了獨立，但卻在印度領土之內，割出了一個新的伊斯蘭教國家巴基斯坦，縱然在印度境內的穆斯林們，有了自己的伊斯蘭教政府，印、巴兩個政府之間，依然時起戰端。

至於印度教，乃是佛陀降生之前，印度民族的固有信仰，先是婆羅門教，經過歷代的變遷而成為現在的印度教。

印度在西元前二千五百年至二千年間，即已有了屬於青銅器時代的都市文明，當時的印度人民，在以農業為主而兼營工商的情形下，已在衣食住方面，享受到了高度的生活水準，此從一九二二年，印度河流域的莫恩求達羅（Moenjodaro）的遺跡發掘之中，已被證實。然而此一都市文明，於西元前一千五百年之時，由於來自西北方的印度雅利安民族之侵入，便受到了破壞，此一新來的民族，相信也曾受到原住民族文化的影響，從而形成以雅利安民族為主流的印度文化。

從語言學上考察印度雅利安民族，和今日歐洲語系的各民族有其關聯，所以統稱之為印度雅利安語系的民族。其中的雅利安民族，是由中央亞細亞的高原，通過阿富汗尼斯坦，到達印度河流域，再向南侵而至恆河流域，結果，完成了以印度河流域為中心的婆羅門教，以及以恆河為中心的許多新宗教，佛教便是極具代表性的一大新興的宗教。

可是，印度除了白種的雅利安人，尚有膚色黑暗的土著達羅維荼人，住於南方，另有一支接近中國邊界的蒙古族，釋迦牟尼的降生地，現在也從印度本土分裂出來，成立了一個僅有一千多萬人口的小王國，叫作尼泊爾，以其現在的住民而言，與蒙古血統的黃種人無異。因此，近世的學者之中，例如英國的歷史家史密斯氏（Vincent A. Smith），以為釋迦牟尼即是蒙古系的黃種人，但是，依據佛典中的記載，以及傳統的見解，佛陀是雅利安族的白種人。

## 四、婆羅門教

所謂婆羅門教，是雅利安人的宗教，這個宗教的形成，是在雅利安人進入印度之後，居於印度河流域的時代，後來，恆河流域產生了耆那（Jina）教，特別是佛教等新宗教，經過長時間的相互影響，婆羅門教本身也發生了革新運動，故到近世以來，稱之為印度教。但在本質上說，印度教與婆羅門教的意味，並無差別。所謂婆羅門，是雅利安人之中世襲的祭師階級，他們在宗教上占有無上的權威，故將他們的宗教稱為婆羅門教。

若從文化史的背景上考察起來，婆羅門教的根源，並非產於印度，而是印度歐羅巴諸民族的共同信仰，例如印度與波斯的宗教之神，大致相同，印度的善神為提婆（Deva），惡神為阿斯羅（Asura，到佛教之中稱為阿修羅）；在波斯的祆教，善神為阿訶羅（Ahura），惡神為阿劣曼（Ahriman）。印度教祭火，火神為阿耆尼（Agni）；祆教也拜火，火神是阿脫爾（Ātur）。同時，這兩個宗教，均用一種蘇摩（Soma）的草製成的酒，當作祭神的聖物；也均用動物做為供祭的犧牲。由此可以明瞭波斯的祆教和印度的婆羅門教之間，有著共同的淵源關係。即使古代的希臘、羅馬和日耳曼人的諸神之信奉，也是基於同一個起源，後來被基督教征服之後，歐洲各民族才和他們原有的宗教告別。

## 五、階級制度

婆羅門教的主要特色，即是以聖職為中心的階級制度（caste），以及聖典之神聖的兩點。這個階級制度是世襲的，永無變更之可能的。這是由於有西北方侵入印度的雅利安人，在社會活動和日常生活中，賴宗教來解決的問題，占了極大的比重，凡事均不敢不考慮到和諸神的關係，奉獻供物，祈求諸神息怒，並且給予恩寵。因此終日以祀神為務的祭師們，在智慧上能夠理解宗教的神祕，尤其熟悉祭神的儀禮，無形之中，即在人民心中，自然取得了很大的權威和崇高的地位。他們在印度住定以後，大概未有多久，這個以婆羅門為最高階級的觀念，即已形成。第二階級為從事治安及保衛人民的武士，稱為剎帝利；第三階級為從事農、工、商業的一般庶民，稱為吠舍；第四即是最低階級的奴隸，這是以被雅利安人所征服的原住民為主的，稱為首陀羅。

這種階級制度，當然是不合理的、不公平的。佛教之能在婆羅門教的國土中，得到發展的機會，原因當然很多，反對階級制度，主張四姓平等，乃是主要的因素之一。可惜，當佛教被伊斯蘭教消滅之後，印度教再度抬頭，階級制度依然存在。而此階級制度的規定，即載於他們的神聖的《吠陀》（*Veda*）的聖典，所以相互為因，根本無法廢除。

## 六、《吠陀》

婆羅門教的第二特色，是把他們來自天啟的聖典，視為絕對的真理之所在，共有四類，總名為《吠陀》（意為知識），即是他們的四大根本教典。

（一）《梨俱吠陀》（*Ṛg-veda*）：這部書不但是印度最古的文獻，也是全體印度歐羅巴民族中最古的文獻，總集了一千多首宗教讚歌，在其中看到了雅利安人到了印度河流域的五河地方，率直地吐露了他們對於宗教的感情，對於種種神明的奉祀與祈禱，其中有關前面所知蘇摩酒的供養之處很多。這些讚歌，由祭師階級的婆羅門，代代相傳，且為以口傳口，不以文字記載，視為無上的神聖。

（二）《莎摩吠陀》（*Sāma-veda*）及（三）《夜柔吠陀》（*Yajur-veda*）：在內容方面，此二《吠陀》，不出《梨俱吠陀》的範圍，乃是為了使用於各種不同的祭典，編集而成。

（四）《阿闥婆吠陀》（*Atharva-veda*）：大致也和《梨俱吠陀》類似，所不同者，其中有著很多用於各種場合的咒術及魔術，這是它的特殊之處。所以近代學者之中，有人以為《阿闥婆吠陀》，或者是反映出了雅利安人受到印度土著民族的民間信仰之影響，才有這樣的聖典出現的。

除了以上四種被稱為《吠陀》「本集」（Saṃhitā）或《吠陀》文獻之外，尚有《梵書》（*Brāhmaṇa*）、《森林書》（*Āraṇyaka*）、《奧義書》（*Upaniṣad*）等三種，也應包含於吠陀文獻之內，而被視為《天啟書》（*Śruti*），以別於後世產生的《聖傳書》（*Smṛti*）。其中特別是《奧義書》，宣說了非常高深的形而上學，故為研究印度哲學學者們，極其珍貴的文獻。到了西元紀元之後，婆羅門教的內部，也發展出了各式各樣的哲學學派，不過，凡是屬於婆羅門教的任何派別，無不將《天啟書》視為絕對的神聖。

總之，婆羅門教雖可因為時地環境的變遷而有所不同，對於婆羅門階級的特權和《吠陀》神聖的信念，乃是永遠不變的。當伊斯蘭教侵入印度之後，用武力壓迫印度人民改奉伊斯蘭教，自屬事實；然在下層的賤民社會，取得許多人的真心信仰，苦於宗教的階級制度，亦未嘗不是原因之一，這是可想而知的事。

## 七、恆河流域的文明

再說，定居於印度河流域的雅利安人，漸漸向東方移動擴展，到達了恆河流域。在西元前五百年頃，恆河流域的文化，已從傳統的雅利安文化中，得到了新生的機運，大大小小的許多王國，已漸次成立；那些共和政體的國家，人民居住在一個一個集體的村鎮裡，遇有大事，即在樹蔭下或公共的會堂之中集會討論，會中如果無法求得全場一致的通過，便由調停委員會來處理歧見的糾紛。他們的政治領袖，雖稱為「王」，卻是由人民推選出來的。他們的生活，是以農耕與畜牧為主，農村之外，也有從事鍛冶及陶器等職的村落，工商業者已有了各自的同業公會的組織，城市則為財富的積蓄中心。在恆河與喜馬拉雅山之間的肥沃的森林地帶，已被這些人們開拓成了景色幽美的殖民地區。

當然，在原則上，他們依舊承認婆羅門教的特權，然在這片新開發的土地上，不論在經濟或政治方面，均呈現著新的氣象，因此也開始在精神方面有了新的要求。他們試著發出了疑問：「我們在這新環境中，開闢了土地，組成同業公會，進行著大規模的經濟開發，建設了新的都市，為什麼在宗教方面，還是停留在古老的桎梏中呢？對於我們無法接近的《吠陀》聖典，以及世襲的婆羅門階級的特權所提供的宗教，真的能滿足自身的希望嗎？」於是，便產生了一種新宗教的要求。

## 八、新興的宗教

所謂新宗教，當然是和傳統的婆羅門教不同。那是不依賴傳統信仰和聖典的權威，而是基於各自的體驗所產生的信念；也就是說，不要仰仗外在的給予，而要藉著自我的尋求，來滿足宗教的信心。

由於這樣的要求，一些抱有宗教熱忱的人，便放下了一切的世務俗累，走出家庭，隱向山林，專心於精神的修養，以期從切身的體驗之中，徹悟宇宙的真理，解除人生的苦惱。像這樣的出家人，當時即被稱為沙門（śramaṇa），他們在婆羅門之間，也可算得上是為求真理的良師，窮年竟月地長期修行的故事，在婆羅門教的《奧義書》中，也曾說到過；可惜，在婆羅門教方面，受了既成的教權的限制，不能活用《奧義書》或自由地加以討論和思索，所以不能做到出家的沙門那樣，如想達成這個目的，必須放棄他們的特權和家庭，跟著沙門去度出家修行的生活。

因此，比起婆羅門來，沙門的人格地位，自然高尚得多；人們對於這樣的修行者，生起恭敬心，不足為奇，所以供給衣食，使得他們沒有生活之憂，得以一心修行。這一風氣的形成，到了西元前五百年之時，已由沒有組織的雲水狀態的個別的沙門群中，出現了好多位擁有數百名乃至數千名弟子的大沙門，各自成為一個教團，以他們自己所體得的道理，教導他們的弟子。

這種思想的傾向，是自由化的結果，但也不是統一宗教的局面，而是宗教思想極為活潑和繁雜的時代。最不可思議的，在這些新興宗教的沙門團之中，竟有一種極端的唯物論在內，他們宣揚現實的美好，嘲笑婆羅門的宗教和世間的道德。這一思想對於當時的印度社會，影響很大。但是，無理地迷信神權和天啟，固然不是人類的幸福之道，如果一味地崇拜現實世間的名利物欲，更非人類的幸福之道。為了挽救這兩個走極端的思想危機，所以在許多的沙門團中，出現了兩個新的宗教，那便是耆那教和佛教。

耆那教和佛教，不僅在發生的年代相近，即使在思想上也有好幾個共通之處，例如，兩者的教主，均係武士階級的王子出身；最大的相似之點，耆那教與佛教，都是反唯物的無神論者。不過，兩者的命運卻不相同，佛教在印度，先被印度教所兼併，復遭穆斯林的徹底破滅；耆那教卻在印度歷史上，從未中絕過，目前尚有一百萬左右的教徒。相反地，佛教雖在印度滅亡了，卻在亞洲各地發展成了世界性的一大宗教，而且在印度的新舊各種宗教之中，唯有佛教發出的光芒，使得全世界的人類，感受到了印度文化的崇高偉大。

# 由人成道的佛陀

## 一、佛陀的祖先和家屬

信仰佛教的人，必須先了解，佛陀不是人格的神，更不是所謂創造宇宙及主宰宇宙的上帝，或所謂上帝的「道成肉身」。佛陀是人完成的，如能依照佛陀所說的修行方法，切實做去，便有成為佛陀的可能，到了佛陀的境界，雖然也能發揮出種種的神蹟，但那不是佛陀重視的東西，最要緊的是佛陀的完美人格和從徹悟中發出的偉大智慧。佛陀以人間的肉身，完成無上的佛果，正是以身示範，鼓勵有志學佛的人們，及時以此人間的肉身，追求無上的佛果。

佛陀既有肉身，所以他是實際上的歷史人物。唯其由於古代的印度，不重視歷史年代的記錄，故對釋迦佛陀，確切的生滅年月，不易追查。但在佛典的記載方面以及碑記方面，對於佛陀的年代，有著各種不同的傳說。根據近世學者的考證結果，已認定佛陀降生於西元前五百六十年頃，入滅於西元前四百八十年之世。

佛陀的出生地，即是現在尼泊爾境內的畢柏羅婆（Pīprāvā）地方，是在北緯二十七度三十七分、東經八十三度八分之處。他自己的國家名為迦毘羅衛，當時的北印度，已經沒有統一性的大王國，在中印度方面，與迦毘羅衛城邦鄰近的，以憍薩羅國（Kośalā）的國力最強大，到了佛陀的晚年，迦毘羅衛即被它征服，後來又由東方的摩揭陀國（Magadha）打敗了憍薩羅國，建立了更大的帝國。至於佛陀的一生，也就是活躍在這個恆河中游的地域之中，大概不出東西四百公里、南北三百公里的範圍。若以今天的交通而言，那個範圍，的確不大；然在當時的印度，能夠兼顧到這樣大的教化區域，實在很不容易了。

再說迦毘羅衛這個王國，在種族上被稱為釋迦族，根據舊來例如《佛本行集經》等的記述，均說釋迦族是雅利安人的剎帝利階級，是名甘蔗王（Ikṣuvāku）的後裔，甘蔗王族則出於古仙人瞿曇，又譯作喬答摩（Gautama）的後裔，所以釋迦族又以瞿曇或喬答摩為氏。可是，如前面所說，近世的史學家之中，有人懷疑釋迦族不是純粹的雅利安人，甚至說是蒙古西藏血統的黃種人。

當西元第七世紀之初，玄奘三藏訪問佛陀的出生地之時，那裡已是住的黃種人。當然，能有聖人出世的地方，一定不會太壞，那個由釋迦族組成的小國家，背後是喜馬拉雅山，水量的灌溉相當豐富，但卻少有洪水的災害，農作物相當富饒，盛產稻米，因其位於喜馬拉雅山的南麓，在其南方，又和恆河流域的大平原相接，氣候溫和宜人，人民勤勉樸實，他們在進步與繁榮之中，流露出若干驕傲的態度，對於雅利安人和其他種族之間，也有彼此輕慢的事情發生。

佛陀的父親，名叫淨飯王（Śuddhodana），他的父親，另有三位兄弟，叫作白飯（Śuklodana）、斛飯（Droṇodana）以及甘露飯（Amṛtodana）。兄弟四人，均用飯（odana，原義為「乳粥」）來命名，是很有趣的事，原因是當時的印度，以牛乳煮成粥，乃是非常美味的食物。釋迦族的國王，最初是由民選產生的，到了佛陀降生之際，國王的傳承，已變成以世襲為主了。佛陀是淨飯王的長子，故有繼承王位的資格。

佛陀的母親是摩耶夫人，尊稱為摩訶摩耶（Mahāmāyā，偉大的摩耶）；然在佛陀出生僅僅一週之後，便去世了。因此，佛陀是在其母親的胞姊，也是佛陀的姨母及父王的愛護之下，長大成人。不過，當他沒有出家之前，大家都稱他為悉達多太子。他那位姨母，是和摩耶夫人同時嫁給淨飯王的，叫作摩訶婆闍波提（Mahāprajāpatī，大愛道）。

佛陀未出家之前，也和常人一樣，娶了他舅舅的女兒耶輸陀羅（Yaśodharā，名聞）為妃子，並且生了一位小王子，名叫羅睺羅（Rāhula）。根據《根本說一切有部毘奈耶破僧事》卷三的記載，出家之前的悉達多太子，有三位妃子，一為耶輸陀羅，二為喬比迦，三為鹿王。同書卷四又說：「爾時菩薩在於宮內，嬉戲之處，私自念言：我今有三夫人及六萬婇女，若不與其為俗樂者，恐諸外人云我不是丈夫。我今當與耶輸陀羅共為娛樂，其耶輸陀羅因即有娠。」這裡所稱的菩薩（bodhi-sattva，求悟的人），便是尚未成佛之時的悉達多太子。依照一般的傳說，佛子羅睺羅是由佛陀指腹懷孕的，站在人間成佛的角度來說，我們寧可相信上述的記載為事實。

## 二、出家以前的悉達多

悉達多的意思是達成目的的人，中國佛經中譯為「一切義成」。因為一位聖人的降世，必有他過去世的偉大來歷，所以當他出生之前，摩耶夫人是夢見了一隻小象入胎而始成孕。此在印度的觀念中，將偉大的人物，總是用龍、象、獅子、虎、牡牛來做尊稱的習俗有關；當他降生於藍毘尼（Lumbinī）園之時，百花競放，天龍噴灑溫泉香水，為太子淋浴。太子初生，即能自行七步，一手指天一手指地，而說：「我於天人之中，最尊最勝。」說畢此語，即如平常嬰兒。

從佛教的基本立場而言，這樣的傳說，並不十分重要，但是確可信以為真。此後的太子，在父王及姨母的疼愛之下，物質上享受著豪華富麗的宮廷生活，同時把所有的各種文藝武術，都在快速的進度下修學完成。由於他的智力過人，體能拔群，在已有的知識方面，不能滿足他的要求。在同輩的王子群中，他既受到擁護，同時也受到了嫉妒。例如當他十六歲時，即在弓箭競技會上，以一箭射穿七樹，獲得了冠軍，並且贏得了他的表妹耶輸陀羅。

在知識方面，當以婆羅門教的典籍為主。從印度思想史上考察，西元前第六世紀之前，已經發展出了《奧義書》的偉大哲學。印度的哲學和宗教是不可分的，《奧義書》將宇宙的本體稱為梵（Brahman），個人的本體稱為自我（ātman），梵是宇宙的實在，自我的本體即是梵。由本體之實在，產生支配宇宙的人格神；由人格神的自在天（īśvara），現出眾生輪迴生死的舞台，即是天、空、地的三界；活動在這舞台上的眾生，分有胎生、卵生、濕生、化生的四種。像這樣的宇宙本體論和宇宙的現象論，比起基督教的上帝創造宇宙之說，實已高明得多了。

對於一般的民間而言，高深的形而上學，當然應用不到，倒是其中的輪迴（saṃsāra）之說，民間殊為風行。此所謂輪迴，乃是說明生命群的生死和來去的一種宗教思想，也就是說現在生存的生命，是接續了過去生存的生命繼續存在，當現存的生命死亡之後，未來的另一個階段的存在又將連接下去，而且是由於現在世的罪惡行為，感受到未來世的不幸的果報；今世的幸與不幸，乃是根源於過去世的善惡行為。所謂輪迴的範圍，則有天、人、地獄乃至遍於植物等各界的差別。人的善惡行為，稱之為業（karman），善業多，即在輪迴之中上生至人天界；惡業重，便下降至地獄界。這種思想，雖然遭受少數唯物主義者的嘲笑，但在宗教的本位上，確為最最公平合理的思想。此種思想，能使人們在不如意的處境之時，心平氣和地面對現實；正在風雲際會之時，不敢胡作亂為；尤其在想到來生的遠景之時便會努力行善。在輪迴和業的觀念之中，對於生存並不可喜，面對死亡也不用畏懼。因為今世的生，是由前世的死而出現；今世的再度死亡，又將引起來世的再度新生。

因此，在佛教的經典之中，雖未見到佛陀和《奧義書》的關係，但是，除了《奧義書》的梵天顯現宇宙的思想，沒有接受之外，輪迴和業的思想，已被佛陀接受。可是婆羅門教的宗教儀式之中的特權階級，以及釀造蘇摩酒祭神，並用動物的犧牲做為對神獻祭，求神賜福的媚神行為，不唯使得祀神的人落於迷妄，也使得宗教的精神趨於墮落，這在佛陀是無法接受的。

除了宗教儀式之外，在傳統的印度宗教之中，尚有一種極其重要的宗教行為，那是一種希求達成神人合一之境的內觀工夫，印度宗教的古代聖典，大抵便是由於從修行中，達到了這種境界的人們之所傳出。他們被稱為神仙或仙人，他們是用一種直觀的方法，直參宇宙的真理。這種方法，名為瑜伽

（yoga），首先將身體落實坐穩，調節呼吸，統一精神，對於現實世界，求取高度的認識；從這種神祕的直觀之中，精神力高揚，往往即能產生不可思議的奇蹟。在佛經之中，稱他們為得了神通的仙人。佛陀沒有出家之前，對於這些宗教的現象，當然已經明瞭，並且也曾遇到過這樣的仙人。

佛陀不是僅以享受人間的繁華為滿足的人，雖然貴為太子，並且已經結婚，但在精神上依舊非常地空虛，所以想到郊外去看看民間的風情。根據佛典的傳說，他一連出城郊遊了四次，這四次郊遊的經歷，便改變了他的生活，也決定了他之出家成道的前程。他帶著隨從，駕著馬車，第一次出遊之際，在市區見到了一個白髮躬腰、風燭殘年的老人；第二次在路旁見到了一個痛苦呻吟的病人；第三次遇到了一個送喪的行列。這使他覺悟到，不論何人，出生之後，必然會漸漸地衰老，誰也不能免除病痛，最後的結果，便是死亡的來臨！死了之後，又將出生、衰老、病痛和死亡；像這樣的人生，如不設法求得徹底的解脫，實在太可憐、太悲哀了。同時，當他童年時代，曾經隨同父王去農村舉行春耕祭典之時，見到農夫犁田之際，從土中翻起了蟲蟻，立即被蛙類爭食一空，轉眼間，蛙被花蛇所吞，花蛇又給由天上凌空而下的巨鷹所啗，像這樣弱肉強食的眾生相，在他看來，不禁要怵目驚心了！他為了求得最後的答案，所以第四次再度郊遊，這一回使他遇到了一位神態安詳的出家沙門，終於使他領悟到他所應走的是什麼路了！唯有及時出家，一心修行，徹悟了宇宙的真理，才能知道以何方法，來解脫眾生的生、老、病、死的輪迴不息的四大苦患。

## 三、出家與苦行

適巧，當悉達多太子第四次郊遊回宮，計畫要走上出家之道的時候，忽然接到報告，說是妃子耶輸陀羅，產一男嬰，要他命名，他想他正要去出家，卻來了一個障害出家的枷鎖，因而取名羅睺羅（Rāhula，障害）。但是，他既決心要出家，誰也留他不住。就在那天的夜晚，當他的妃子抱著小王子正在熟睡之時，他便向她們做了無言的告別。喚醒了他的御者車匿（Chanda），牽出了他的愛馬康特迦（Kanthaka），悄悄地出了宮殿，離開了迦毘羅衛城，直到進入了森林的深處，削去了頭髮，脫下了身上所有華貴裝束，穿上用樹皮編製的沙門服，然後囑咐御者車匿，帶著他的服飾和那匹白色的愛馬，返回宮中，向父王報告，他已出了家，若不成道，絕不回國。當時佛陀的年齡是二十九歲，有的傳說是十九歲。

當他進入森林之後，新鮮的宗教生活，便是參訪當時有名的外道仙人，那是專以修行瑜伽有了成就的人。沒有多久，他便修成了和他老師同樣程度的境界，因此，未久之間，連續尋訪了好幾位名師，但均不能滿足他的要求。在佛陀的體驗之中，知道那些外道名師的所謂解脫，所謂與梵交感，與梵合一，都不是究竟的解脫之道。然在沒有更加高明的名師可供他去參訪求教之後，只好獨自一人，和其他的外道沙門一樣，修習苦行去了。他的毅力是極其感人的，在苦行林中，修練絕食的苦行，連續達六年之久，在此期間，每天僅以一粒野生的麥子，維持他的生命。當這消息傳到淨飯王的耳中之後，便派了五位侍者照顧他的生活，結果這五位侍者也受佛陀的精進所感，陪伴佛陀修了六年苦行。

可是，修了六年的苦行，身體枯瘦得已如乾柴，尚未見到悟道成佛的消息，始知依照一般苦行外道那樣地盲修苦行，畢竟無益於精神的向上。於是放棄了苦行，改用專心冥想的工夫。他離開苦行林，走到尼連禪（Nairañjanā）河的清流之中，洗淨了六年來的身垢，但他的身體實在太瘦弱了，所以接受了一位村姑供養的乳粥，恢復了他的元氣，然後便到附近一棵叫作畢鉢羅（Pippala）的大樹之下，用草敷成一個座位，面向東方，雙腿結成跏趺，平穩地坐了下來，並且發出大誓願說：「我今若不證無上大菩提，寧可碎是身，終不起此座。」不過，先前陪他同修苦行的五位侍者，見他放棄了苦行，都以為佛陀退了道心，又見他接受了一個少女的乳粥供養，便說「他墮落了」，所以離開佛陀，另找他處修行去了。

## 四、菩提樹下的體驗

實際上，佛陀並未墮落，只是從苦行的經驗以及享樂的事實中，理解到極端的苦行和放任的享樂，同樣無濟於開悟的目的，此在後來佛陀訓誡他的弟子時，便做了這樣的說明：「比丘們！當過宗教生活，須避兩種極端。」哪兩種極端呢？一是耽於享受歡樂的快樂生活，這是卑下的、有害精神的，是無聊的浪費；另一是苦行的生活，那是悽慘的無聊和浪費。「比丘們！完成者（如來）是避卻了這兩個極端，發現了行之於中央的大道。」這條道路，便是開眼精神，是安、是知識、是悟、是至涅槃的大道。佛教稱此為不苦不樂的中道行。

再說喬答摩（佛陀未成道前，大家均以他的姓氏稱呼他）因為坐在那棵畢缽羅樹下冥想而成了佛，所以後來稱它為菩提樹或佛樹（Bodhi tree，意為智慧之樹）。那個地方，為了紀念佛陀的成道，被稱為菩提伽耶（Buddha Gayā）。那棵樹的切枝，迄今依舊長在伽耶佛塔的附近，另一株切枝則於西元前第三世紀時，由印度名王阿育王（Aśoka）的女兒，帶到錫蘭移植，至今仍然活在錫蘭島的前首都阿奴羅達波羅（Anurādhapura）。不論在伽耶的或錫蘭的兩株菩提樹的分身，均被朝聖的信徒們視為聖物，當作參拜佛跡的重要對象。其實這是一種無花果樹，植物學者把它叫作 Ficus Religiosa（宗教無花果），大概也是由於佛陀在這樹下成道的原因吧！

喬答摩在這棵菩提樹下，宴坐冥想了四十九日，以其奮勇精進的精神，克服了身心內外的一切魔障，遂於十二月八日之夜，達到了冥想的最高境域，開了智慧，真正地認識了宇宙的真理，明白解脫眾生輪迴之苦的方法。漢譯佛典說那天是陰曆十二月初八日，依照現代學者的通說，乃是西元前五二三年陽曆五月的月圓日之夜。

但是，他在這四十九日之中，接受了各種生理、心理及自然界的衝擊和考驗。當他正要擺下一切人間的欲望之時，欲望的火焰卻更旺更盛起來；他對那些迷戀的情愛，生存和悅樂的渴望與回憶，必須要用堅定的信念來與之戰鬥。那些東西，確是人類賴以生存和求上進的根源，但也均係苦難的泉源。因此，人若到了將要和這些東西告別的關頭，它們便會猛烈地在心中浮現出來，榮譽、名聲、權力、財富、愛情、家族生活的樂趣，以及來自周遭的寵愛等等，一切的喜樂和歡悅的誘惑之相，全部湧現在眼前。這種景象，使他感到困惑；可是，終於在智慧的決斷之下，突破了人類的最後弱點，戰勝了身心的魔障，也克服了自身的障害，登上了人類智慧和人格的極峰，完成了究竟無上的佛果。他的心境，從波濤洶湧的狀態，進入了平靜如鏡的狀態；從此之後，永無波浪，也沒有漣漪，唯是一片深廣無邊與澄澈清涼，容受一切，包舉萬類，而又絲毫不受他物的騷擾。

此在佛教的聖典之中，是用優美的文藝筆觸，把它描寫出來。說是天魔波旬（Māra-pāpīyas），恐懼喬答摩即將成佛，當他成佛之後，魔宮的子孫便會減少，所以來到正在進入深定之中的喬答摩之前，向他提出了誘惑的條件，如果放棄成佛，即可使他成為支配世界的偉大國王。事實上，當他初出生時，就有一位特來看相的仙人預言，悉達多太子如不出家成佛，必可成為支配全世界的轉輪聖王；此時的喬答摩當然不會為天魔的說詞所動。天魔接著召集他的軍馬，用大自然的破壞力，向喬答摩的宴坐之處，施行瘋狂的襲擊。人類遇到無法抗拒的自然災變之際，就會感到自身的渺小，生起怯弱之心，祈求神靈的保佑。天魔波旬了解人性的弱點，所以在震怒之下，發動了隆隆的巨雷大鳴、電光閃耀、搖動大地、山崩土裂、降下豪雨、氾濫成災、暴風吹襲、折木拔樹、飛沙走石，捲襲而至。可是，無畏的喬答摩，繼續住於三昧之中，平靜如常，不動聲色。天然災變所能造成的死亡恐怖，對於喬答摩而言，絲毫不起作用。天魔見到利誘威脅，都不能使得喬答摩改變企求成佛的初衷。最後便使出了最惡毒的武器，派遣了他的三個女兒，以美色和情欲來破壞喬答摩的定力，他的三個女兒，名叫渴愛（Tṛṣṇā）、憎惡（Arāti）、貪欲（Rāga），她們的膚色不同，媚態各異，均能極其誘惑之能事。當這三個魔女出現之際，周圍的森林，也呈現出一片美妙的景色，襯托著三個姿色動人、音聲柔美、能歌善舞的魔女，她們個個甜言蜜語地向喬答摩挑逗。可是，卻被喬答摩的神力，把她們變成了醜婦。在不淨觀的觀照之下，最可愛的美女，也和墓場的腐屍沒有什麼不同。畢竟，讓他戰勝了惡魔的種種武器，震撼了魔宮，使得天魔波旬潛形逃走了。

成佛之後的釋迦菩薩，即被稱為佛陀（Buddha，意為覺悟了的人），又被尊稱為世尊、如來、釋迦牟尼或釋尊（釋迦族出身的聖者）等。

佛陀的覺悟，究竟是什麼呢？最主要的便是四聖諦（catvāry ārya-satyāni）和八正道（āryāṣṭāṅgika-mārga）。所謂四聖諦，便是遍及眾生界的苦惱，稱為「苦諦」（duḥkha-satya）；這些苦惱的原因，稱為「集諦」（samudaya-satya）；若想解脫這些苦惱，便當斷絕苦惱的原因，稱為「滅諦」（nirodha-satya）；如何斷絕苦惱的原因，則當修行正道，稱為「道諦」（mārga-satya）。正道的內容，共有八項，所以名為八正道。其實，佛陀的證道，即是證實了世間的憂、悲、生、老、病、死、輪迴等苦患，以及苦患的因由，滅除苦因的方法；滅除了苦因，便不再接受苦果的生死，不生不死，即是永恆的、極樂的、真實的、絕對清淨的涅槃（nirvāṇa）境界。

## 五、鹿野苑初轉法輪

成道之後的佛陀，一切的龍（印度的 nāga 即是蛇形的神）、鳥等動物，都來向他獻上供物。他在初七日中，也未離開菩提樹下，一邊受用他在成道之後所得輕妙無可形容的法樂，一邊則在考慮：自己已經證得了難知難解的解脫之真理，這種寂靜高深的真理，卻唯有賢者能夠理解，應該向人宣說嗎？一般的眾生，只知耽欲、企欲、樂欲。像這樣的世間道德之構成的因果之連鎖法則的緣起法，對於眾生而言，最難理解。眾生對於捨棄生的意志、征服煩惱的欲望、走向解脫之道的教法，是不希望聆聽的。如若將此教法說了出來，他人不能理解的話，豈不唯生倦怠和對佛起瞋呢？

他的這種考慮，確是世間的實際情況，但也正好是天魔之所喜歡的，所以天魔又來勸請佛陀，既已成佛，應該立即進入無餘涅槃，不要化度眾生了。可是，佛陀不是逃避世間的人，他是為了救濟眾生的輪迴之苦而走到了成佛之路的人。因此，便開始了他的教化工作。據佛典中的記載，是應梵天之請，才使佛陀下了向人間宣揚佛法的決心。

請讀者不必要求我來肯定或否定佛典之中類此的記載，是事實或寓意。站在宗教信仰的立場，必然信為事實，而且在你信為事實的堅定信仰之中，自身也會體驗到若干不可思議的奇蹟異象。假如你尚未入信的話，也不妨把它視作形象化或故事化了的寓意，以說明人類的心緒，是在內外的矛盾之下，也有求取統一的要求。魔王代表了人類的醜惡面和煩惱相，梵天代表了人類的善良面和清淨相，這兩副眾生相，均在佛陀的智慧照明之下，赤裸裸地顯現出來。

佛陀在一念之間，下定了宣揚佛法的決心，而那一念便開出了世界史上的一大宗教的文明。他最初教化的對象，便是伴他苦行六年，結果背棄而去的五位侍者，他們的名字是：阿若憍陳如（Ājñāta-kauṇḍinya）、跋提（Bhaddiya）、婆波（Vappa）、摩訶男（Mahānāma）、阿說示（Assaji）。這時候他們五人是在波羅奈（Vārāṇasī）城附近的鹿野苑（Mṛgadāva）。如今該地距離波羅奈市之北，從車站走去約十公里處，名叫薩爾奈特（Sarnath），自西元十三世紀之後，經過穆斯林及印度教徒的破壞，已面目全非，現在則再受到印度政府把它當作名勝古蹟而加以保護。

佛陀到了鹿野苑，向這五人宣說了親自所證的妙法，他們聞法之後，隨即也證得了涅槃境界。當然，他們的福德和智慧，無法和佛陀相比，所以證的是羅漢果（Arhat，值得接受供養恭敬的人）而不是佛果。這五位羅漢，初見佛陀前去，仍以不屑的態度相視，可是一看再看之下，已發現佛陀的相貌威儀，高貴之中又充滿了慈祥的吸引力，便身不由己地一齊跪拜在佛陀的膝前，接受了佛陀的教法，成了佛陀座下最早的五位比丘（bhikṣu，破煩惱）弟子。通常把這次說法，稱為初轉法輪。

法輪（dharma-cakra），可以譯作正法之輪。「輪」是一種兵器，也是印度傳說之轉輪聖王的輪寶。據傳說，當轉輪聖王出世之時，輪寶自然出現在聖王之前，輪寶引導聖王轉向全世界，諸小國王，無不心悅誠服，故能兵不血刃而統一天下，實施輪王的仁政。這是古代印度人嚮往天下和平的一種理想。世尊取作比喻，以親自實證的佛法為輪寶，他以法中之王的身分，轉動正法之輪，行化天下，利益全世界的一切眾生，並且，凡是法輪轉動之處，一切的邪惡思想，無不為其摧破。

當佛陀以教法化度了五位比丘之時，便為佛教的主體奠定了最初的基礎，此所謂佛教的主體，即是構成佛教的三大要素，總稱之為「三寶」：徹悟了宇宙人生之真理的釋迦世尊「佛寶」；佛所親證的成佛之道，是「法寶」；依佛法修行的出家弟子們，是「僧寶」。

這在佛教而言，極其重要，信仰佛教，必須是信仰佛、法、僧的三寶。信佛而不信法，那是盲目的迷信，無從得到實際的利益；信佛與法而不信僧，那就沒有接觸佛法的機會，也沒有示範性的人格可學習模仿。尤其是在佛陀入滅之後，眾生的信佛和學法，必須仰賴僧寶的傳授和引導；即使佛陀住世的時代，世尊為了強調僧寶的重要，也說他是佛陀，但他也在僧中。可見，雖是佛陀，也是以僧中一員的立場，與眾生接觸教化，亦以平等的觀念，參加僧中生活。因此，信仰佛教，名為「皈依三寶」。進入佛門之後的人，每天必修的功課，至少要念「皈依佛、皈依法、皈依僧」三遍。這是要求我們，時時不忘自己是三寶的弟子，應當照著三寶的教訓，做為待人接物的處世方針。

# 佛陀的教化工作

## 一、傳道的開始

佛陀初轉法輪，是在鹿野苑向五位苦行者，說了解脫法門，允許他們成為弟子，並稱「善來比丘」，他們便成了自然得戒的比丘弟子。在此五人之中，以阿若憍陳如的悟性最快，聽了佛陀的教法之後，隨即證到了阿羅漢果，其他四人，也在不久之間，證了阿羅漢果。

度了五位比丘之後，接著又在波羅奈的近郊，開始了佛陀的公開教化。那是由於一位出身高貴的青年，耶舍（Yaśa）的從佛入道，他的親友數十人，也加入了佛教的僧團。滿慈子（Pūrṇa-maitrāyaṇī-putra）、大迦旃延（Mahākātyāyana）等人，也於先後捨離外道，進入了佛法。他們在鹿野苑中，度過了第一個雨季的安居生活，也就是在五個月之後，包括幾位在家弟子，已達六十人之多。而且，佛教的僧團之中，固然歡迎高等階級的婆羅門族，同時也歡迎最下級的賤民出家。在聽法之時的位次尊卑，是依出家的先後，不依在俗的種族階級，也不依年歲的老幼。

可是，佛的教法，不限於佛陀來宣說，而是更盼佛的弟子們，將各自所聞所知所見的佛教法門，向廣大的人間社會，做普遍和深入的闡揚。故在第一個雨季的安居生活終了，佛陀便對弟子們說：「比丘們！我已脫離了人天的一切束縛；你們也是一樣。比丘們！為了許多人們的幸福和利益，去遊行吧。不要兩個人走在一起。說出你們已聞的勝法，開示清淨的生活。若不聞法，就此死滅；若得聞法，雖為悟者，亦入於世。」

因為這些比丘，幾乎絕大多數，是婆羅門教的教徒出身，多已有了宗教知識和宗教經驗的基礎，故在經過佛陀於五個月的時間，予以開導和訓示之後，即能負起個別弘揚佛教的使命。

佛陀遣發了弟子們，分別到四方去傳道之後，他自己則到了優婁頻羅村

（Uruvelā-senāni），化度了拜火的外道優婁頻羅迦葉（Uruvilvā-kāśyapa），和他的兩個弟弟那提迦葉（Nadī-kāśyapa），伽耶迦葉（Cayā-Kāśyapa），以及他們三人的弟子，共計一千人。

根據佛典記載，世尊出家之後，尚未進入苦行林之前，曾去摩揭陀國（Magadha），見了頻婆沙羅王（Bimbi-sāra），王願以一半的國土贈送給釋迦太子，勸他不要出家，但被婉拒了，王即提出請求，希望世尊於成道之後，再來度他。因此，為了實踐當時的諾言，佛陀於化度三位迦葉之後，便率同他們到了摩揭陀國的國都王舍城（Rāja-gṛha），住於城郊竹林裡。由於佛陀化度了當時頗負盛望的三迦葉，沒有多久，對於佛陀的讚頌之聲，便傳遍了整個的王舍城。國王聞悉世尊已經成道，立即趕到竹林之中，聽佛陀說法，大為歡喜，並於第二天，邀請佛陀以及一千多位比丘，進入王宮應供。城郊的那片竹林，為迦蘭陀（Kalandaka）長者所有，也受佛陀的感化，把它奉獻出來，王即在此竹林之中，為佛及僧，建造了僧房，這是佛教史上第一所有名的大道場。

## 二、舍利弗與目犍連、大迦葉

當時有一位詭辯學派的大修行家刪闍耶（Sañjaya）外道，也住於摩揭陀國，有一天，他的大弟子舍利弗（Śāriputra），在王舍城的街上托缽之時，見到了佛教的比丘阿說示，發現了阿說示的儀態是那樣地明朗和愉快，使他呆住了。因而上前探問：「朋友啊！你的相貌如此地明朗輕快，你的面色又是如此地澄澈明淨。朋友啊！你是跟誰出家的呢？誰又是你的老師呢？你是遵奉著誰的教理呢？」

阿說示的回答是很誠懇的：「我的老師是佛陀，但因我是初學新參，要我說明佛陀的教理，實在很難。盡其所能，也只能理解到一個精要而已。」

終於應了舍利弗的要求，阿說示即將使他能夠如此明朗輕快的佛陀教義，做了扼要的說明：「一切事物的發生皆有其原因，最勝者則教我們，如何地次第滅除這事物及其發生的原因。這是偉大的沙門（佛陀）教理。」

舍利弗聽了這種「諸法因緣生，諸法因緣滅」的佛法之後，立即悟到了佛法的中心思想，是說一切事物唯從因緣所生，必以因緣而滅。這是他從未聽過的宇宙人生的真理，所以立即感到，他已找到了追求已久的東西，僅此兩句，已使他非常受用了。因此他對阿說示說：「教理僅是如此地簡單，你已因此而進入了沒有苦惱的狀態。這種狀態是多少萬世也不易見到的。」

當時在刪闍耶外道座下的優秀學者，除了舍利弗，尚有一位摩訶目犍連（Mahāmaudgalyāyana）。此人由於目連救母的故事，一再地被中國民間用各種方式普遍地流傳。因此，在中國民間，已是家喻戶曉的傳奇的佛教人物。實際上摩訶目犍連是他的姓，名叫拘律陀（Kolita）。他在投師之後的七日之間，便盡得刪闍耶的一切學問，雖被提昇為教授，領導二百五十人，但仍未能解脫生死之苦趣，所以和同門的舍利弗相約，不論誰先得到善師，均當互相啟告。故當舍利弗由阿說示處，得到佛陀所示「諸法無我」的緣生思想之後，便告訴了他。於是和舍利弗各自率領了二百五十人，皈投到王舍城外竹林精舍的佛陀座下。歷經一個月的修行，即證了阿羅漢果。

後來，舍利弗是佛家弟子中的智慧第一，摩訶目犍連是神通第一，乃是初期佛教教團之中，最最重要、最具代表性的兩大弟子。在佛滅之後，繼續領導教團，召集長老會議，整理編集佛陀遺教的大功臣，則為佛陀座下苦行第一的大迦葉（Mahākāśyapa）。此人在未曾遇佛之前，早已出家修行。雖曾結婚十二年，卻與妻子相約，共修淨行，不好五欲之樂，一旦父母謝世，便剃髮出家了。後來在王舍城至那荼村之間的多子塔處（Bahuputraka-caitya），遇到了佛陀，聽了佛的開示，這位自負而已受到王舍城的許多人所敬仰的大迦葉，便投入了佛教的僧團，八天之後，即證了阿羅漢果。他一生不用好的衣著，不受美食，少欲知足，常修苦行。我們在佛經中，常見的所謂「千二百五十人俱，皆是大阿羅漢」的佛教僧團，到了此時，大致已經形成了。

## 三、佛陀的還鄉

世尊成道之後第五年，應其父王之召，由王舍城回到了他的祖國迦毘羅衛。佛陀將要回國之先，這個令人驚喜的消息，很快地傳遍出來，父王、姨母、妃子，以及佛的兒子羅睺羅等，都在等待著世尊返回王宮。可是，此時的世尊，已是佛陀，已是僧團中的一個成員，所以沒有回到王宮，而是和大群的比丘們，一同住在近城的森林裡。淨飯王便和他的侍從們，來到林中那特地為佛陀建築的尼拘律園精舍（Nigrodhārāma），見了佛陀，同時也見到了佛陀座下的許多比丘，披著極為襤褸的袈裟，剃光了鬚髮，所以頗感不忍，到了第二天朝晨，佛陀依照慣例，外出托缽乞食，向街上的人家沿門托化。此事又被傳到了淨飯王的耳中，於是急忙地來找佛陀，他說：「我的孩子啊，你為何要像乞丐那樣向人乞化呢？你實在辱沒我了！」

佛陀的回答是：「大王啊！這是我的祖先的遺規呀！」僅是這樣的解釋，淨飯王是不會理解的，因此佛陀又說：「我們出身的王族和士族，如今當然尚未淪落到要做乞丐的地步。」佛陀接著做了一個微笑，又說：「您和您的王族，的確應以榮譽為首。可是，我的祖先，是過去的諸佛，與我的所做是相同的。」

因為此時的世尊，已不是釋迦族的太子，乃是一位以救濟全體眾生為職志的人天導師，不宜再受王族觀念的限制，當以教團的規律為依準了。至於托缽的生活方式，乃是印度當時所有各種沙門團的共同型態。因為出家捨家，身無長物，亦無定居之處，僅以遮身及禦寒之用的披衣，以及用來托化食物的缽盂隨身。目的是擺下了一切的名利物欲，專心於道業的修持。

再說，就在那天，世尊為了會見以前的妃子耶輸陀羅，由兩位弟子的陪伴之下，到了王宮。耶輸陀羅見到披著乞丐衣（袈裟）的世尊，激動得一句話也說不出來，撲倒在世尊之前，抱住世尊的雙膝，嗚嗚地哭泣。此時的世尊，扶起了耶輸陀羅，給予安慰，用親切的語言，向她宣說了佛陀的教法。那一番話，在她心中，深深地留下了佛陀的慈悲，因此，當她離開佛陀以後，她便替小王子羅睺羅，穿起了華麗的服裝，來見世尊。這位少年，受了母親的指導，見到佛陀，便問：「父王啊！我於何時能成為國王，承襲釋迦族的王位呢？請您給我繼承吧！」佛陀聽了此語，便牽了羅睺羅的手，離開王城，把這少年帶到了他和他的弟子們所住的尼拘律園，並且向他說：「你希望繼承的東西，那不是永恆的，而且是引發苦惱的東西；這樣的繼承，我早已不能給你了。但是，我在菩提樹下所得的諸寶，可以成為你的東西，那是能讓你永遠繼承的。」因此，便把這位少年王子交給了舍利弗，成了僧團中最早的沙彌（śrāmaṇeraka）。

這次世尊回國，在俗情的觀點上說，固是省親性質，但在佛陀的立場而言，乃是用佛法度了釋迦族的人。他的父王於聞法之後，即得「法眼淨」的初果見道，也就是說，雖未立證阿羅漢果，解脫生死苦患，但已解脫在望，涅槃可期了。宮人也多受了戒法，並且還度了摩訶婆闍波提夫人所生的異母弟難陀（Nanda）等人出家。

因此，在這一共七天的歸省期中，感化的顯著成果，是使佛教的僧團，增加了許多位由釋迦王族來出家的弟子們，其中有名的就是阿那律（Anirud-dha）、阿難陀（Ānanda）、金毘羅（Kumbhīra），以及後來與佛陀爭取領導權的提婆達多（Devadatta）等人的追隨出家，為王子們理髮的奴隸優婆離（Upāli），亦於此時趕來出家。

後世傳稱的佛陀座下的十大弟子，除了解空第一的須菩提（Subhūti），似乎出家較晚之外，其他九位如智慧第一的舍利弗、神通第一的目犍連、頭陀（苦行）第一的大迦葉、天眼第一的阿那律，說法第一的富樓那（Pūrṇa-maitrāyaṇī-putra，滿慈子）、論義第一的迦旃延、持律第一的優婆離、密行第一的羅睺羅、多聞第一的阿難陀，均已出現了。

## 四、佛陀的行止

世尊於成道之後，直到入滅為止，大約有四十九年的歲月，每年除了四個月的雨季，和常隨的弟子們在某信徒的家裡，或在某長者所建贈的精舍、林地、莊園之中，安居度過之外。平均每年有八個月的時間，從事於遊化人間的工作。經常由村至村，由城至城，由此國到彼國，在許多弟子的伴同之下，到處宣化佛的教法，往往是用淺近的比喻和生動的民間故事，做為宣揚佛法的方便。

佛陀時代，有名的居所，除了前述王舍城的竹林精舍，尚有舍衛城（Śrāvastī）附近的祇園精舍，亦名祇樹給孤獨園（Jetavanaanāthapiṇḍasyārāma）。這兩個地方，在佛教史上的地位，極其重要，佛陀的許多經典的說出，與這兩處有關，因為場所廣大，便於容納多數的聽眾和出家人的住宿，所以在許多佛經的開卷之時，即說明當時佛陀在王舍城的竹林精舍或舍衛城的祇園精舍所說。王舍城是摩揭陀國的首都，舍衛城是憍薩羅國（Kośala）的首都，這兩個國家，正是恆河流域印度新文化的中心，比起釋迦族的迦毘羅衛，也都是大國和強國。

說起祇園精舍的因緣，非常富有詩意。據說，當佛陀帶著來自釋迦王族的新弟子們，回到王舍城之後，即有一位當地的富豪，恭請佛陀及其弟子們，到他家裡應供吃飯，恰巧於前一天的下午，這位富豪有位親戚，名叫須達多（Sudatta），特別自舍衛城來訪，見到這個富豪的全家上下，都在忙碌非常，一問之下，始知是為準備迎請佛陀應供。當他聽到「佛陀」的尊號之時，感到驚喜不已，即說：「佛陀的名字都不容易聽到，何況能夠見到佛陀並且禮敬佛陀，這是多麼幸福的事啊！」因此，等不及第二天天明，須達多便逕自前往佛陀的住處求見，那晚的佛陀，是在寒林（Śītavana）中靜坐，那是林葬的墓地，人死之後，棄屍於此，任鳥獸噉食的林地。雖在極端的恐怖心理之下，須達多還是鼓足了勇氣，走進了陰森的寒林，拜見了佛陀，親聞了佛法，成了虔誠的在家弟子。因他乃是舍衛城的首富，故請佛陀到西北方的舍衛城去弘法。他在回國的途中，凡是遇到了熟人，就勸他們共同發心，建一座精舍，供養佛陀和佛的比丘弟子。由於他的交遊廣闊，並且受到許多人的尊敬，頗收一言九鼎之效，一邊勸說，一邊著手建造精舍的工程。

再說建造精舍的處所，當他回到舍衛城後，看了很多地方，均不理想，唯有祇陀（Jeta）太子的私人遊園最合適，所以投金五十四億，買下了地皮，另由祇多太子獻出園中的樹木，故名祇多林（Jetavana）。須達多樂善好施，周濟孤獨，號為給孤獨長者。由兩者的功德所成，故稱祇樹給孤獨園。當在祇園精舍的建築工程進行之際，佛陀首先派了舍利弗前往，負起監督任務。這所精舍占地達八十頃，長一千六百英尺，寬四百五十英尺，約一萬九千一百七十坪，建有十六大重閣、六十窟屋、六十四院，窟外的別房住屋千二百處，個別集眾打犍椎處百二十所。由此看來，這是多麼雄偉的大寺院了。住於舍衛城的憍薩羅國王波斯匿（Prasenajit）王，當佛陀到了祇園精舍之後，也常喜前往訪問聽法，成了三寶的擁護者。

從此之後的釋迦世尊，便經常往返於東南的王舍城和西北的舍衛城之間，佛教的教化活動，也即以此約六百公里直徑的範圍為中心。

# 佛陀的根本教義

## 一、何謂根本教義

此所謂根本教義，顧名思義，乃是佛教教義的基礎或原則。佛陀悟道之前的印度，沒有這樣的思想，佛陀的悟道，便是開發了自有地球的人類歷史以來，從未發現過的真理，這個真理，便是說明宇宙人生的存在及其變遷的原理，明乎其中的道理之後，便可循著此一道理的軌跡，走向超脫的境界。

所以，當釋迦世尊成道之後，最初說出的教法，即是從其大覺智慧之中流露出來的根本教義。

但是，佛陀在世，一共度過了四十多年的傳道生涯，在此漫長的歲月之中，他遇到了各式各樣的個人和群眾，也經歷了好多文化背景和風俗語言並不相同的環境，為了適應各種不同的對象，便以種種不同的角度和方式，宣說他的教法。然而，宣說的角度和方式雖有不同，卻是為了同一個原則，站在同一個基礎，那便是佛陀的根本教義。

## 二、印度宗教的梵天和人類

在佛陀以前的印度宗教，認為宇宙萬物均係梵天所生，在祭師階級的婆羅門，優勢獨占的情形下，又將人類的產生，分為四個等級：由梵天的口中生出職業的宗教師婆羅門族，由肩上生出武士及王者階級的剎帝利族，由腿上生出農工及商業階級的吠舍族，由足上生出奴隸階級的首陀羅族。此係出於四《吠陀》（*Veda*）中最早出現的《梨俱吠陀》（*Ṛg-veda*）所收的〈原人歌〉，這也就是說，人類，由於神的造作，有始以來就是不平等的；人類唯有畏神和敬神，並向神獻祭之外，不可能自行解決任何問題。尤其對於被征服的奴隸階級，稱為「一生族」，他們沒有信奉宗教的權利，被置於神的眷顧之外，當他們死了之後，再沒有轉生的機會。至於其他三種階級，稱為「再生族」，同在神的眷顧之下，尚有死後再生的權利；這種不平等的宗教思想，雖然指出了宇宙的起源和人間的現象，但卻無以證明它的真實性和合理性。

## 三、佛陀的教法——四聖諦

佛陀的教法如何呢？不用說，佛陀是經過了印度原有宗教思想的熏染，而再予以審查的結果，開出了新鮮合理而偉大的智慧之花，那便是以「四聖諦」（catvāry ārya-satyāni）——四種轉凡夫為聖人的真理。雖然，在這四條真理之中，沒有告訴我們宇宙的起源為何？但卻為我們解答了宇宙的存在以及人生的價值問題，更為我們說明了人生的歸向以及達到永恆目的的實踐方法。事實上，整個的宇宙，便是一個無限的存在，我們對於空間的大小和時間的長短，產生出分辨的認識，乃是由於我們在無限的存在之中，自我局限於有限的存在之故，假如擺脫時間和空間的範圍，當下便進於無限的存在，和整個的宇宙相等。

至於，在此無限的宇宙之中，何以會產生了有限感覺的凡夫眾生？這是一個哲學問題。佛陀對此，沒有加以解釋，僅謂「法爾如是」，也就是說自然如此的。因為有了凡夫眾生，始有宇宙之存在的感受，故也可說，凡夫眾生，並非來自宇宙的分裂，或所謂上帝的創造，乃是本來就有的，無法追究其起源的；因為宇宙本身，沒有時空的界限，存在於宇宙中的凡夫眾生，亦無時空的起點可求，所謂起迄和來往，僅是凡夫眾生的幻覺，不是宇宙本體的真相。所以釋迦世尊，不談宇宙和人生的創始，並且堅決否認上帝創造世界之說。佛陀只教我們如何從有限存在的凡夫眾生，轉變而成無限存在的大解脫者，凡夫眾生的憂悲苦惱和生老病死，均係由於對於種種幻景的貪求、瞋拒、無智慧，故被幻景所左右，以致身陷於幻景的有限之中。由此可見，我們所感受的有限存在，並非真實的存在，乃是虛幻的存在。佛陀的教法，便是指點我們：循著一定的方法，從迷幻的有限之中走出來。具體的說，便是「苦、集、滅、道」的四聖諦法，現在，分別而又一貫地將之介紹如下。

## 四、苦聖諦是佛陀的本體論

苦聖諦，略名「苦諦」（duḥkha-satya），上面已說到，觀宇宙本來是無限的存在，也無所謂有什麼宇宙本體論的必要，若一涉及宇宙本體觀念，便不是無限，而是出於有限的要求了。比如說，宇宙的觀念，是從我人有了四方、上下的方位和過去、現在、未來的過程之設想，才標立了宇宙這名詞的觀念，既有了方位和過程的假設，當然不是無限，而是落於時空範圍的有限了。

因此，佛陀為了說明此一時空範圍之形成的因素，而宣說的苦聖諦，便是佛陀的宇宙本體論了。也就是說，以佛陀的智慧，所見的宇宙之形成，乃是由於凡夫眾生，對於如下的五種對象（五蘊）的執著，有此五種對象，構成自我的觀念，由於有了自我的意識作用，便引來了不自在、不滿足、不完整的感受；這些感受，便是苦惱。

## 五、五蘊

構成凡夫世間的要素者，名為五蘊或五陰（pañca skandha）：

（一）色蘊（rūpa-skandha）——包括自身的眼、耳、鼻、舌、身等五根，以及反映自身而起感受作用的色、聲、香、味、觸的五境。這是構成自我觀念的物質要素，也即是自我存在的主觀的身體及客觀的環境。

（二）受蘊（vedanā-skandha）——此為對於五境的接觸，所生起心理上的感受作用，即是當身體的五根（五種官能），和其所在環境中的事物，發生了感觸的心理活動。

（三）想蘊（saṃjñā-skandha）——此為由感觸而變成接受的心理活動，例如與順境接觸所感到的欣樂，與逆境接觸所感到的悲苦，即是心理上的受取作用。

（四）行蘊（saṃskāra-skandha）——此為產生了苦樂感受的受取作用之後，接著生起的貪欲、瞋惡，或與之不相關涉的其他心理活動。通常的情況，總是對於可悅的事物，起貪欲心；對於不可悅的事物，起瞋惡心，但是也有覺得無關痛癢的，或因甲境而想到乙境上去的。

（五）識蘊（vijñāna-skandha）——此為更進一步，對於所接觸的境物，了別識知，即是意念或意識的活動，也即是心的主體。前面的受、想、行三蘊，是心體的現象，識蘊才是心的主宰。故也可將受、想、行的三蘊，稱心王所有之法，識蘊便是心王。凡夫眾生的生生死死，生來死去，死去生來的主體，便是這個被稱為識蘊的心王。一般人稱之為靈魂，但是，佛教不稱為靈魂，而稱為識，因為，識和一般人所說的靈魂，觀念頗有不同，靈魂好像是固定不變的，所以普通人把人的生死比作搬家，從破了的老家搬進新建的家，屋子雖換了，住屋的人卻未變換。至於佛教所說的識蘊，乃是隨著各人的善惡行為，經常都在變化不已的，因為，人的善惡行為，不是讓什麼天曹地府的神明記在生死簿中，而是隨時積儲在各自的識蘊之中，再根據善惡的輕重類別，感受不同的生死果報。可見，以上五種構成凡夫眾生之自我存在的要素，乃是物質世間和精神世間的綜合，從這觀點來看佛陀，他既非唯物論者，也非唯心論者，而是心物合一論者。

## 六、宇宙是眾生所造成的

宇宙是眾生活動的舞台，這是通俗的說法；若依佛陀的見地，宇宙是由眾生的活動而形成的。比如我們的家庭、我們的社團、我們的國家，是由家庭中的成員、社員、國民的全體活動而成立的。故可推知，我們的地球世界，是由於生到這個世界上來的一切眾生所共同完成的傑作，在地球尚未形成之先，一切將要來到地球上生活的眾生，便已在各種不同的世界，造作了感受地球世界之果報的業因。所以，地球世界是地球眾生共同活動的舞台，但在未到地球上活動之前，即已在其他世界，為了地球的形成而做了相同性質的活動。這些活動的本體，便是構成自我的五種要素，由此五種要素構成的自我，便是凡夫眾生。凡夫眾生的存在，便是生、老、病、死的周而復始地受苦，稱為「輪迴生死」，或名「流轉生死」，因為隨著時間過程中的善惡行為，而來感受種種環境和生命的果報，升降不已，浮沉無定，所以喻作車輪的迴旋，或波流的滾轉。人在一生之中的際遇，當然是苦樂相參的，所以，僅從一截生命的片段上著眼，做為一個凡夫眾生，未必是絕對可哀的事，然從連貫的生死之流中，觀察凡夫眾生，那就不能不讚仰佛陀的教義了。因為，佛陀所說的苦諦，並非苦樂相對的苦，而是指出感受此種苦樂存在的本身，便是苦果的報應。宇宙的存在，是為凡夫眾生的受苦，那麼，苦惱的起源又是什麼呢？

## 七、集聖諦和滅聖諦是佛陀的現象論

從宇宙的本體而變成宇宙的現象，便是眾生生死的起滅，佛陀以心物合一的五蘊，做為凡夫眾生世間的本體，又以什麼來說明宇宙的現象呢？前面已經表明，佛陀是以眾生為宇宙之中心的，有眾生始有宇宙，有宇宙即是有限，此一有限的本身就是宇宙的現象，現在所說的現象論，是指此一現象的產生和消滅而言。此一現象的產生，名為苦集諦（samudaya-satya），這是伴著追求快樂和貪欲的滿足而來的種種渴望，使得我們從此生到來生，生了又死，死了再生。總括而言，乃是由於我們渴望快樂（欲愛），渴望生存（有愛），渴望無常（無有愛），故使我們永遠在欲界、色界、無色界的三界之中六道輪迴。修了善業，生於天上和人間；做了惡業，便下墮地獄、餓鬼、畜生的三惡道中受生。只要一天不斷此一渴愛（taṇhā）之心，永遠都在集聚生死的苦因。要想不受苦果，唯有先從明白苦因著手，進而不造苦因，便可不受苦果了。

滅苦的真理，稱為苦滅諦（nirodha-satya），必須捨棄欲望，斷除欲望，離開欲望，不使欲望有其殘存的餘地；破除了一切的欲望之後，渴愛之心亦可消滅了。也就是說，從所有的煩惱和善惡之中解脫出來，由生死的三界，進入寂滅的涅槃境界。此所謂寂滅的涅槃境界，不是永恆的死亡，也不是永恆的生存，而是不生不滅的，寂靜安穩的，自由自在的，絕對的存在，無限的存在，無遠弗屆，無微不至，是衝破了時空界限的，超越了心物觀念的徹底存在和究竟存在。

## 八、十二因緣的生死觀

根據佛陀的悟境所見，形成生死循環的三世因果者，名為十二因緣，亦即是由於十二個環節的連鎖，便構成了連續生死之苦的起因，也可由此十二個環節的逐段逆轉，達到滅卻苦因、斷絕生死的目的。故在四聖諦的集諦和滅諦之中，要用十二因緣的道理來說明。

十二因緣，又名十二緣起（dvādaśāṅga-pratītya-samutpāda），即是以十二個段落的因果關係，說明凡夫眾生的生死連續，所以稱為十二因緣。現在先將十二因緣，依其排列的次序，介紹如下：

（一）無明（avidyā）——此為迷之根本，可以稱作無知，即是貪欲、瞋恨、愚癡等的煩惱，故為迷惑於生死界中的根源。

（二）行（saṁskāra）——即是行業，是從無明產生的意識行為，是前世所造的善業和惡業。

（三）識（vijñāna）——即是由於過去世中的種種行為所積聚的業體，便是以此業體的本能，投入母胎的最初一念。

（四）名色（nāma-rūpa）——即是投入母胎之後，業體的心識（精神）和胎體的肉身（物質）相結合的狀態。

（五）六入（ṣaḍ-āyatana）——即是在母胎中，逐漸形成胎兒的眼、耳、鼻、舌、身（五官四肢）、意等六種感覺器官，又可名為六根。因為一切善惡行為的造作和感受，均係由此六種官能為媒介，而達於心體，成為業因業種，或苦因苦種，所以名為六入，意為諸業的六個入口。

（六）觸（sparśa）——此為我們於出胎之後，自我身心的六入（六根），和外在環境的六塵之間，發生了相對的接觸。所謂六塵，便是和六根相應的色、聲、香、味、觸、法，也就是我們這個身心所處的生活環境中的一切事物。

（七）受（vedanā）——即是由接觸外境而產生的領受苦或樂的感覺。

（八）愛（tṛṣṇā）——此為由於苦樂的感覺之後，所起欣樂厭苦，求樂避苦，並且貪於財、色、名、食、睡等五欲的心理活動。

（九）取（upādāna）——對於自己所喜所貪的欲求的事物，生起執著不捨的心理。

（十）有（bhava）——愛和取，乃是求取生存的欲望，正因為有此生存的欲望，便造下了種種惡行為的有漏（生死）之因，故將接受未來的生死果報。此所謂「有」，便是指的生死因素、善惡行為的有漏之業。

（十一）生（jāti）——今生造了生死的業因，必將接受來生的再度出生的業果，那便是由色、受、想、行、識等五蘊所構成的身心，和此身心所處的環境。如前所說我們的身心是六根，身心所處的環境是六塵，同為五蘊構成，同為所感受的業果報應，如果加以區分，眼、耳、鼻、舌、身、意的六根，是主觀的身心，名為「正報」；色（眼所接受的美醜、明暗等），聲（耳所接受的一切音聲），香（嗅覺所接受的一切氣味），味（舌所接受的一切滋味），觸（身體所接受的冷暖、粗細、軟硬、澀滑等），法（心意所接受的一切學問、觀念、思想、方法）等客觀的環境，名為「依報」。此處所說的「業」，和通常所用的「孽」字，頗有不同，請勿混淆誤解。佛教所稱的「業」，是梵文「羯磨」（karman）的意譯，是善惡行為所留下的一種無形而有力的能，也許和近代科學家所說德語的 Energie 不同，它是行為的一種餘勢，由於前一行為的餘勢，可以引出後一現象的發生。

（十二）老死（jarā-maraṇa）——來生既然有了五蘊所成的身心，又將衰老而至死亡。

因此，佛陀用這十二因緣，說明了凡夫眾生，在過去、現在、未來的三世之中，所有因果循環的流轉現象。此可用下面的表解，幫助我們，理解它的一個概念：

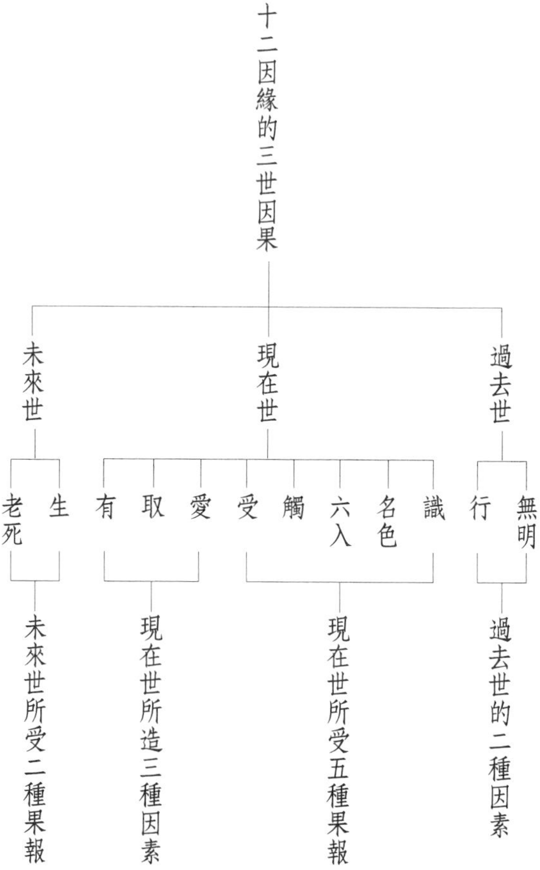


如果順著十二因緣的三世因果，周而復始地繼續下去，便是以集諦來說明苦諦的根由，眾生永遠是眾生，不會脫離苦的範圍。但是，佛陀之要指明苦諦的根由，目的乃在協助眾生，超越苦的範圍，所謂轉凡成聖，那便是接著要說

的苦滅諦了。

## 九、十二因緣的解脫觀

苦滅諦，乃是逆著十二因緣的次第，從斷絕第十二因緣的老死，向上推轉，到了第一因緣的無明斷絕之時，即是超凡入聖的解脫境界及涅槃境界。也就是說，要想不「老」不「死」，唯有設法不再出「生」；要想不再出生，便不得造下「有」漏的生死之因；要想不造生死之因，對於貪戀的事物，便當立即放下求「取」和捨不得的心念；要想無取無求，唯有首先排除避苦求樂的「愛」欲心；要想無愛欲心，便當不再領「受」苦樂的感覺；要想不受苦樂所動，當求六根清淨，不與六塵接「觸」；要求六根不觸六塵，唯有不起「六入」；六入是由「名色」所成，要求不起六入，便不宜求生投入母胎；投胎的主體是業「識」，故應先破業識；業識是由前世「行」為的集聚而成，故當先勿造作有漏的善惡行為；所謂有漏（sāsrava），是指本著有我的意念，由身口所做的一切行為，不論是為身心的私我，或為群體社會、國家世界的公我，乃至是為宇宙全體的神我，均係有我有漏的生死業，為何有我的觀念存在呢？乃因眾生皆在「無明」的愚癡之中，何謂無明愚癡？即是沒有智慧，不能明察我們所處的五蘊世間，都是因緣和合而成的、暫時的、不實在的幻景，所以誤將眾生各自所造的身心乃至宇宙，當作「我」來維護與貪戀。如果能將此無明排除之後，便可修好解脫之船的漏洞，平安地航出生死的苦海了。如何排除無明，那是要靠修行八正道來完成的工作，也就是下面所要介紹的道諦之內容了。

## 十、道聖諦是佛陀的修道論

道聖諦，簡稱道諦（mārga-satya），即是滅苦之道，或滅苦的方法，也就是佛陀所說修道方法，若能依此方法，切實遵行，便可升入聖境，是由凡夫眾生成為超脫自在的聖者之道，所以稱為道聖諦。

道諦的內容，含有八目，所以總名之謂八聖道分或名八正道（āryāṣṭāṅgika-mārga），又譯作八支聖道及八正法等。現在分條敘述如次：

（一）正見（samyag-dṛṣṭi）——徹底明瞭四諦之理，即為正見。當以諸行無常、諸法無我、涅槃寂靜的「三法印」，來鑑定見解的正確性。即是說，能夠理解我們所處的五蘊所成的身心世界和環境，確是虛幻無常的；既屬無常的幻景，自亦沒有真我的實體可求；徹見無常，實證無我，當下便是涅槃，便是寂靜（不動心）的聖境。唯有依據這樣的見地，來從事佛法的修行，才能真正地達到解脫的目的。

（二）正思惟（samyak-saṃkalpa）——又被譯作正志、正思、正分別等，即是正確地思惟四諦之理，基於正見的原則，勿使心中生起貪欲、瞋恚、害心等的活動。這是清淨意業的工夫。

（三）正語（samyag-vāc）——即是真語和實語。不妄語（謊言）、不兩舌（挑撥是非）、不惡口（粗言詈語）、不綺語（戲論淫詞）。應當以善言勸勉，愛語安慰，直言教導。此為基於正見所做清淨口業的工夫。

（四）正業（samyak-karmānta）——又被譯作正行，即是端正品行，遠離一切的邪惡行為，是指基於正見而不殺生、不偷盜、不邪淫（除了已婚夫婦之外的一切男女的淫事，均為邪淫），不用一切興奮劑或麻醉物。此即是清淨身業的工夫。

（五）正命（samyag-ājīva）——清淨了身、口、意的三業，順從佛陀的教法，遠離五種（不正當的）被佛陀稱為以邪法活命的職業，例如詐現奇特、自稱功德、咒術占卜、大言壯語、彼此標榜等；亦即是以不正當的手段，謀取不法的利益，名為邪命。學佛的人，當以正常職業，取得生活的所需。

（六）正方便（samyag-vyāyāma）——又被譯為正精進或正治，即是努力於貪、瞋、無明等煩惱的對治，精進地邁向涅槃的聖道。故當發願：已生之惡使之速斷，未生之惡使之不起；已生之善使速增長，未起之善令之生起。

（七）正念（samyak-smṛti）——繫念正道，不起邪念；即是以不淨觀（aśubhā-smṛti）等的方法，攝心制心，使之不受物境欲念所搖動。所謂「不淨觀」，即是觀想此一身體，共有五種不淨：1.種子不淨（由父精母血所成故），2.住處不淨（胎中十月住於母體的屎尿之間故），3.自身不淨（此一身體是由地質、水分、熱能、空氣等四大所成故），4.自相不淨（身中常由眼、耳、口、鼻以及大小便道的九孔之中流洩穢物故），5.究竟不淨（此身死後必將腐爛化為膿血，乃至枯骨亦壞故）。觀想自身不淨，觀想他身不淨，便可息滅物欲之心，也可增進捨身為道之心。請注意，佛教所說的「四大」，是指構成宇宙的四大物質元素，不要誤以不貪酒、色、財、氣，名為「四大皆空」；乃以宇宙的物質元素，暫時幻現的身體，不是究竟的存在，所以稱為「四大皆空」。

（八）正定（samyak-samādhi）——循著以上七個階段次第修行，正念的觀想完成，便可進入四禪八定，再加以無常無我，四大皆空的正確知見（即是空慧的觀照），便能進入無漏清淨的滅受想定，那即是解脫自在的境界，不生不死的涅槃境界。所謂涅槃（nirvāṇa），曾被譯作滅度、寂滅、圓寂等，即是超越了一切煩惱苦痛的繫縛，住於絕對自在的境域，那是不能用時間和空間來範圍的圓滿充實的存在。

## 十一、不苦不樂的中道

我們從以上所見，佛陀的修道論，既不主張享樂，也不主張苦行，乃是不苦不樂的中庸之道。實行起來，也不會感到困難，不用浪費金錢，也不一定要我們避開現實的生活，而是教導我們，就在現身所處的環境中，及時用功修行。著手之際，也不繁雜，只要能夠把握住一個原則，認明我們的身心和這身心所處的環境，都是無常的、無我的、暫有的、幻有的，便可漸漸地對名利得失的心念淡薄下來，對於求取解脫之心積極起來。然後再對日常生活、待人接物之間的存心，以及言行方面，加以留意；寧可損己利他，不要損人利己；應以正當的職業，為人間的社會，謀求幸福；盡可能地利用時間，多做自利利他的工作；為了洗鍊我們的身心，應當多做一些使得物欲沉澱的工夫。這種工夫，上面僅僅列舉了一種不淨觀的方法，其實，正念所包含的方法很多，主要的尚有六種正念：念佛、念法、念僧、念持戒（即在八正道中的身、口、意三業的清淨）、念布施（以財物布施貧窮，以佛法施化有緣的眾生）、念生於諸天的功德。

這兒須加解釋的，修行的方法很多，歸納起來，不出福、慧二類。心中念念不忘地對於佛陀偉大人格的敬仰，對於佛陀所說教法的渴求，對於實踐佛陀教法者——僧人的見賢思齊，對於造作惡業的警惕，對於困苦眾生的盼望能予以救濟，對於以禪定力而生於諸天的嚮往。這六種繫念的表現，均屬於福業，但此六念的工夫所得，便屬於慧業了；因為正念不斷地更進一步，便入禪定境界，定力即能產生智慧。

以佛陀的智慧所見，生天未必可喜，即使到了最高的非想非非想處天，仍未脫出生死的界限，故對於六念之中的念天功德，不可誤解成為僅僅希望求生天上，而是指的八正道中最後一個階段，盼由四禪八定的禪天過程，進入涅槃。

正念，主要是指心念，但是，晚近中國，以口念佛、念經，也不為錯；由口業來幫助意業，當然更好。不過，如果僅用口念而疏忽了心念，那就捨本逐末了；如果僅是口中念佛，而忽視了八正道的兼顧並重，更是錯上加錯了。事實上，凡是信心堅強、修行殷切的人，也必是位行解雙舉的佛教徒。

因為，佛陀的教法，是要我們在不背棄現實生活和人類環境的原則下，努力於解脫道的修持；並以佛法的實踐，來導致個人生命的昇華，促進人間社會的淨化。所以八正道的修行者，既能擺脫物欲之火的煎熬，也不必如苦行主義者們接受痛苦的折磨。

## 十二、佛法的中心思想

佛法，便是佛陀所說的教法，即是佛陀教我們用來自利利他的修行方法，以及解釋這個修行方法的原理，切勿誤解修行僅是出家人的事，也勿以為唯有吃素念佛或坐禪拜佛才是修行，這點可從上面的介紹之中得到理解。也正由於如上的介紹，使我們見到了佛法的一個梗概。這個梗概，便是「四聖諦法」，在此四諦法中，又以五蘊法分析了宇宙人生的本體，五蘊法中包羅了構成主觀的六根和客觀的六塵，這個五蘊的世間，便是苦諦的內容。又用十二因緣，說明宇宙人生的現象，說明三世因果的循環，也說明了如何使此因果循環的現象消失。事物之間所發生的關係，名為因緣；先後之間所起的現象之關聯，名為因果。因緣思想和因果思想，是一體的兩種表徵，乃是佛陀思想的獨特處，也是佛教的中心思想的中心。佛陀即以此因緣與因果，宣說了集諦和滅諦。為了滅苦的方法，便說了八正道，八正道乃是最平易近人的修行方法，也是最能適合人們接受的中庸之道。

當然，初初接觸到佛法的人，可能仍有不太明白的地方，此在佛陀悟道之初，即已有過如此的顧慮，結果還是被許多願意接受的人理解了，所以也發揚光大了。從五蘊的基礎上，發展成了「唯識法相」的哲學；從因緣生法的立場上，發展成了「般若性空」的實相論；從身、口、意三業清淨的立足點，完成了戒律的體系；從正念及正定的基本上，發達了禪觀的思想。統括佛教思想史上的小乘佛教，而至大乘佛教，其中心思想的源頭，皆不出如上所舉的四聖諦和八正道，所以把它稱為佛陀的根本教義；因為它是大乘、小乘，一切佛法的根本，故又被現代學者們，稱為根本佛教。

# 佛陀的教團

## 一、教團的構成

在佛陀當時的印度，尤其在恆河流域一帶，有著許多的沙門團，是於各種不同的思想下，形成各式各樣的出家人的團體。當佛陀成道之後，有了自己的教義，依照佛陀的教義，做為實踐依準的出家人，也日漸多了起來，這便是自成為一個佛教教團之開始。

但是，佛陀的教團，雖以出家的沙門（śramaṇa）為中心，經常追隨佛陀的，也以沙門為主，佛法教化的對象，卻不限於出家人，佛陀倒是為了教化在家人而到處遊歷，並且教導他的出家弟子們隨緣教化，往往利用出外托缽的機會，接觸俗人，應機施予佛法的宣化，故將托缽乞食視為重要的生活方式之一，以之接引、化導與佛法有緣的人們，所以名為化緣。

俗人皈信之後，絕對的多數，不會隨佛出家，佛陀也不要求人人出家。因此，出家的沙門，形成了教團，教團的外圍，便是眾多的男女信徒；他們雖不直接參加教團的集體生活，卻和教團之間，有著密切的關係。所以，提起佛陀的教團，也不能忽視了在家身分的佛弟子們。

將在家的男女信徒和出家的大小男女，分別起來，佛陀的教團之中，便有七類不同的身分了：

（一）優婆塞（upāsaka）：漢譯為清信士、近事男、近善男等，即是親近三寶的在家男子。

（二）優婆夷（upāsikā）：漢譯為清信女、近事女、近善女等，即是信仰佛法、近事三寶的在家女子。

（三）沙彌（śrāmaṇeraka）：漢譯為息慈（息惡行慈）、求寂（勤求圓寂）等，即是依比丘而住的出家少年。

（四）沙彌尼（śrāmaṇerikā）：即是依比丘尼而住的出家少女。

（五）式叉摩尼（śikṣamāṇā）：漢譯為學法女、學戒女、正學女等，即是女子於十八歲至二十歲的兩年之間，修習特定的不淫、不盜、不殺、不虛誑語、不飲酒，不非時食的六法，而住於比丘尼的團體中者。此與沙彌尼所不同者，沙彌尼是未成熟的少女出家，一旦進入教團，便可肯定她的出家身分。式叉摩尼是已成熟的少婦或已不是處女的女子，須以兩年的時間來觀察她是否能夠適應出家的生活。

（六）比丘（bhikṣu）：漢譯為乞士、熏士、破煩惱等，即是二十歲以上受了比丘戒的出家男子。

（七）比丘尼（bhikṣunī）：即是二十歲以上受了比丘尼戒的出家女子。

依據佛教的慣例，以上七類的尊卑位次，是這樣的：比丘、比丘尼、式叉摩尼、沙彌、沙彌尼、優婆塞、優婆夷。總名之為佛陀座下的七眾弟子，也即是構成佛教教團的全體信徒。

## 二、在家信徒的生活軌範

做為一個在家的佛教信徒，和非信徒之所不同的，即是皈依三寶和受持五戒的要求。也就是說，一進佛門，首先要對佛陀生起崇敬之心。雖然，佛陀本身無須由於信徒的崇敬而顯出他的崇高偉大，也不是由於佛陀有什麼權威而強制信徒對他崇敬，乃是為了崇敬佛陀的偉大人格和智慧，他將他自己所悟的解脫方法，悲天憫人地告訴了我們，我們對他的救世精神，是否應該崇敬呢？假如你已接受了佛法的教化，是否應該見賢思齊，對於佛陀的人格有所嚮往呢？如果是的，那麼，對於佛陀的崇敬，乃是為了提挈自己，使得自己也能漸漸地走向成佛的道路。所以信佛的第一個條件，便是對於佛陀的敬仰和皈信，佛經中稱為「皈依佛陀」。

信佛的最大目的，不該僅是為了求取現實的利益，但是信佛的利益是通過了現實生活而達到解脫目的者。要想求取利益，必須依照佛陀所示的方法來做。所以對於佛陀的教法，也當皈信，名為「皈依達磨」。達磨（dharma）即是佛陀的教法，嘗被漢譯為軌持和軌則等。

佛陀的教法，要藉人的傳持和宣揚，才能長時間地讓廣大的人們接觸到，故對傳持佛法的人，亦宜恭敬如同佛法，此名為「皈依僧伽」。僧伽（sangha），意譯為和合眾，即是以佛陀的教法為軌範，意見相同、利益均等、生活相同，身、口、意的行為方面，也均和睦相處的人們。主要是指出家的佛弟子們。

以上三項，加起來名為「三皈依」，亦名「皈依三寶」。以現代的觀點來說，便是敬愛教育我們的老師、珍惜老師傳授的學問、尊敬創發學問的古聖先賢。不過佛法不同於普通的學問，這是使我們從有限的生死界中，進入無限解脫境中去的方法，所以在皈敬的程度上是頗有差別的。

皈依三寶之後的人，依照佛陀所示的生活軌範，至少要遵守五點：

（一）不殺害有情：有情（sattva）即是對於具有感情意識的一切生物，不得加以殺害。此有兩種原因：一是從因果的觀點及輪迴的觀點上說，現世殺害有情眾生，將來也要接受殺害，為了急求解脫生死，不得再造生死的殺業；另一是從滅除無明煩惱的觀點及增長慈悲心的觀點上說，不應為了自身的欲求而殺害眾生，更不應為了瞋怒而殺害眾生。

（二）不屬於自己應得的任何財物，均不得不與而取，不論巧取或強奪，皆為不法的行為。

（三）不得與夫婦之外的男女發生性關係，夫婦之間亦不得過度地縱欲。

（四）不得虛言、妄語、惡口罵人、兩舌挑撥、淫詞豔語。

（五）不得飲酒，亦不得食用刺激和麻醉的物品。

以上五點，便是殺生、偷盜、邪淫、妄語、飲酒的五戒。殺、盜、邪淫，屬於身業，妄語屬於口業，飲酒是為防止因酒而造成亂性，所以最好不飲酒。事實上，五戒的內容，已在八正道的正業和正語之中，能夠實踐八正道，便能受持五戒。同時，請勿誤會，佛教的戒律精神，並非僅止於消極的不得做，更有積極的不得不做的要求在內。例如，不殺害有情眾生，進而要救生和放生，有情之中，以人為中心，所以要盡其所能，救濟病貧和災難中的人們；不偷盜他人的財物，進而要量力施捨，多做慈善事業；不淫他人的妻女，進而要勸請他人，共同來淨化人間的男女關係；不妄語，更要用語言給他人帶來福利。

## 三、在家信徒的處世原則

除了五戒之外，做為在家的三寶弟子，對於子女，應當善盡撫養和教育之責；子女對於父母應該敬順忠實，不得浪費父母的財物，父母年老或虛弱之時，應盡援助和敬養之責。

學生對於老師要致禮敬，並且深深體念老師的教誨；老師對學生當以懇切之心，將自己的技能和學問，盡量地傳授，並給予愛護。

丈夫應愛他的妻子，尊敬妻子，並且對妻守貞，適時給予適當的衣服和裝飾；妻子應善維持家庭生計，親切地接待來訪的親友，對丈夫要賢淑而有貞操，照顧丈夫的財產，熱心而勤勉地做一個家庭的主婦。

對於親友和同伴，要以平等的態度相待，要經常表示親切和鄭重；要為對方的利益設想，以公平的方式分配共有的財物；不可掉於輕率；當其必要之時或於危難之際，應給予保護；遇到不幸，更當把他視作自己的忠實伙伴。

主人對於屬下，勿使負起超過其體力或能力的工作，不要勉強他們，應該多為他們的幸福設想而給予照顧；應給予適當的食物和費用；他們有了疾病，要加以照料；要許可他們有充分的休息。

屬下對於主人，當盡力為之服務，以愉快的心情，擔負起所做的工作，盡量做到能使主人滿意的程度；不要批評主人，更不可咒罵主人。

做為一個在家的佛教信徒，對於出家的比丘和比丘尼們的身、口、意三業，要以非常友善的態度來接近，歡迎他們到自己的家中乞化，並且供給他們用以維持身體的必需品。

這段教訓，出於阿含部的《善生經》。由此可見，佛陀的宗教，即是人間的宗教了。

## 四、沙彌生活的軌範

本來，沙彌之在佛陀的教團中出現，是在佛陀成道後第五年，由於他的兒子，少年羅睺羅的出家而來，所以是出現在比丘之後。現在為了由沙彌的戒律，到比丘戒的由簡入繁，便於敘述起見，所以先介紹沙彌的生活軌範。

沙彌的生活軌範，共有十條守則，名為沙彌十戒，是從五戒的基礎上，加了五條與世間俗欲隔離的規定，而成為養成出家人格的訓練。因為，要使凡夫眾生，從滔滔的人欲洪流之中抽出身來，便不得不先以自我的意志遠離物欲，最後才能達到無欲的境地。

僅守在家的五戒，雖也能夠到達無欲的邊緣，然對於夫婦關係的淫欲未斷，終究尚差一步。當然，如果能以在家身分而守出家的戒律，也能達到離欲無欲的目的。

現在，將十戒的名目，條列如下：

（一）不殺害有情：此與素食思想雖有關聯，但卻並不等於規定素食，而是規定不得殺生。

（二）不偷盜他人財物：乃至一針一線。

（三）斷絕男女的淫事：此與五戒所不同者，乃是由不邪淫而進為不淫。

（四）不妄語：此與五戒的相同。

（五）不飲酒：亦與五戒的相同。

（六）不非時食：過了日中之後，不得進食，這是印度當時，各沙門團的共同原則，也是出家人的共通生活方式的一種。

（七）不用花鬘等的一切裝飾，也不得以香水、香油等物擦臉塗身：這是為了避免虛榮心，以及男女之間的相互誘惑而制。

（八）不得自作歌舞、音樂、伎藝等的世俗遊戲，亦不得存心去觀賞世俗的歌舞、音樂和伎藝等的演唱：此乃為了不使已經出家的身心，再為世俗的娛樂所迷，引發貪戀俗情的心理。

（九）不坐臥華美輕軟而高貴的床座：為免引起高傲心和舒適感，而忘了生死的苦惱，所以應當臥坐堅硬低下的床座。

（十）不為自己保持金錢：出家的人，應該常處於物質生活的貧窮之中，不儲蓄金錢，也不手持金錢等的財寶，目的是為滅除對於身外之物的貪求之心，若有一念貪求存在，他便無法進入解脫之門。不過，為了教團大眾的生活，以及寺院經營的維持，保持金錢，不為過失。

這是出家沙彌的戒律，也是進入解脫之門的守則。但是，在家的信徒，也有學習出家戒律和體驗出家生活的機會，即是逢到每月的齋日即是布薩日（upavasatha），依現代而言，也可稱作佛教的假日或節日吧！在家的信徒，可在那天的一日一夜中，守持沙彌十戒中的前八條，稱為八關戒齋。

至於沙彌尼戒，和沙彌戒相同。所不同的是沙彌依止比丘而住，為比丘當侍者，並且學習比丘的威儀；沙彌尼依止比丘尼而住，為比丘尼當侍者，並且學習比丘尼的威儀。

## 五、比丘生活的軌範

上面所說的沙彌十戒，若從字面上看，它是為沙彌所定的戒律；即使從教團的形式上看，也是沙彌所守的戒律。但是，若從戒律的成立史和教團的發展史上考察起來，即可明白，沙彌一詞，是由沙門而來，沙彌十戒，本為釋迦座下的沙門大眾的生活軌範，是最初佛教教團的共同守則。

後來世尊座下的出家弟子，愈來愈多，早年出家的弟子們，也收了弟子，分子就漸漸地複雜起來，僅靠十條生活守則，已感不夠處理教團中所發生的問題了。當弟子之中遇到無法處理的問題時，便去請示佛陀，佛陀親自處理之後，便成為新的案例，新問題繼續發生，新案例也陸續增加，直到佛陀入滅之時為止，有關比丘生活的案例，已達二百五十件左右，這便構成了比丘的戒律。凡是比丘，一律要循著這些規定來處理日常生活中所發生的問題。至於沙彌，因為年齡尚小，成年人的許多案例，尚不能適用，所以僅有基本的十條戒律就夠了。

在比丘戒的二百五十條之中，也包含了沙彌的十戒，不過已將十戒分別安置在五篇七聚之中了。所謂五篇，即是犯戒的五等罪行，七聚是犯戒的七項罪名。這是佛教律令的獨特的分類法。五篇之中，最重的罪行是波羅夷（pārājika），共有四條，即是行淫、偷盜、殺人、大妄語，犯此四條的任何一條，便自然失去出家人的資格。其次依序為僧殘（saṃghāvaśeṣa）、波逸提（prāyaścittika）、波羅提提舍尼（pratideśanīya）、突吉羅（duṣkṛta）。以突吉羅的罪行最輕。除了波羅夷罪，均可根據規定，向大眾之前坦白懺悔，最輕的突吉羅罪，只要自己生起悔過之心就好。

正因為犯了過失要向大眾或數人之前懺悔，有的人犯了過失，自己不知輕重，而須他人來當眾檢討，所以教團之中，也有了由共住的大眾來共處理一切問題的規則，名之為羯磨作法，用現代語說，大概可以稱為議事規程吧。這種方式，在今天看來，沒有什麼稀奇，但在二千五百多年以前的印度社會中，用全民民主的方式來解決問題的民主思想，除了佛陀的教團之外，是從未有過的事。

## 六、比丘尼的出現

在佛陀的教團中，最初是不許女性出家的，這不是重男輕女，而是當時印度的一般宗教中，均不許女性出家的，原因是女性的身心脆弱，經常需要他人的保護，如果女性出了家，勢必要為比丘增加負累，所以佛陀要說，有女性出家，便為佛陀的正法由一千年而減為五百年。事實上，由於當時的社會，警察保護不能遍及鄉間和山野，女性出家後，往往會單獨行動於鄉間和山野，危險性很大，後來，在比丘尼之中受到強暴的實例，也真的發生過。

但是，當佛陀的父王病逝之後，佛陀的姨母摩訶婆闍波提夫人，率領著五百名釋迦族的婦女，剃了頭髮，穿了褐色的出家裝，來到佛前，請求准許出家。最初未獲許可，結果由於佛的常隨侍者阿難陀的代為再三地懇求，才給她們做了八項特別約束，接受了她們加入了佛陀的教團，那八項約束便是「八敬法」，這一批女性即依八敬法而成為比丘尼，像其他由佛陀親自接引出家的比丘一樣，沒有使用授戒的儀式。用會議方式的羯磨法授戒的儀式，乃是當弟子們接引再傳弟子時，開始使用的。至於八敬法和女性出家的問題，不妨參閱拙著《戒律學綱要》第六篇第三章〈比丘比丘尼戒的內容及其同異〉的介紹。

在那次釋迦族婦女們大規模的出家運動之中，也包括了佛陀出家之前的妃子耶輸陀羅在內。雖在佛世的比丘尼之中，也出現了好多偉大的聖者，例如佛的姨母大愛道，迦葉尊者出家之前的妻子妙賢，妓女出家的蓮華色，淑女出家的法與等人，均為釋迦世尊的教團帶來了不少的光輝，所以我也特別為此四大聖比丘尼編寫了傳記（請參閱拙作《聖者的故事》）。但是，佛陀仍說：「女子多於男子的家庭，易遭盜賊。」所以規定不得由比丘度比丘尼弟子。

至於比丘尼的戒律生活，原則和比丘戒律相同，唯其為了女性在生理和心理上，頗不同於比丘，故有好多規定與比丘戒不同。在表面上看是限止女性，實際上是為了對於她們的保護，也是為了保護教團的聲譽。所以通稱比丘尼有五百戒。事實上，在《四分律》中為三百四十八條，在《僧祇律》中僅有二百九十條。《四分律》的比丘戒為二百五十條，《僧祇律》的比丘戒則為二百十八條。相差數十條而已。

## 七、平等的教團

女性出家，雖為一般宗教的慣例所不許，雖會給佛陀的教團帶來麻煩，但在佛法的基本思想上是容許女性出家，所以世尊也說，在過去諸佛化世之時，均有女性隨佛出家的。這是基於眾生平等、種族平等和性別平等的佛法而來。故當准許女性在佛教中出家之後，這一平等的思想，便完全貫徹了。

傳統的婆羅門教，唯有婆羅門階級的僧侶種族，可為宗教師，且為生來的特權階級。至於第四階級的奴隸種族，不但不能成為宗教師，即使信仰宗教的權利也被剝奪，這是種族不平等。一般的沙門團，不許女性出家，這是性別不平等。

佛教呢？乃是將教法的門戶，向著所有的人們開放著的，但能了解佛法而願皈依三寶的人，不論尊卑、不問老少、不別男女，一律歡迎。出家學佛者與在家學佛者是平等的，不論是權威的國王大臣或路邊的販夫走卒，乃至貧賤的乞丐，進了三寶之門，一律是三寶的弟子，但憑各自對於佛法的實踐程度而分獲益的深淺，不因世俗的地位尊卑而成貴賤差別。出家的男子和女子，也是平等的，比丘能夠證得阿羅漢果，比丘尼也同樣可以證得。這完全是根據人的本性，也是肯定了人的本性之平等可貴而發出的思想。

所謂阿羅漢（arhat），漢譯為殺賊（殺滅了一切的煩惱之賊）、不生（不再轉世投生）等意，即是解脫的結果，所以在根本佛教中的佛陀，也被稱為阿羅漢。在根本佛教的修行結果方面，分作四個階段：

（一）須陀洹果（srotāpanna-phala）：譯為預流，即為初見四諦法門，體證了十二因緣的道理，便是進入聖流的預備工夫。到此階段，最多再經七番生死，便得解脫。

（二）斯陀含果（sakṛdāgāmin）：譯為一來，即是說，即使證得此果之後立即死了，再來人間天上，也僅一番生死，即可解脫。

（三）阿那含果（anāgāmin）：譯為不還，即是說，證得此果，死後住於五淨居天（禪定之中），禪定轉深，到了滅受想定，即是解脫，所以不再還到凡夫的生死界中。

（四）阿羅漢果（arhat）：已如上述。

在家人修行佛法，最高可得阿那含果，這是由於家室俗情之累，不能即生進入滅受想定或徹底無欲的境界。但是，若能進入五淨居天的深定之中，已是必得解脫的境界了。

至於佛教的「天」，從文字上看是具象的存在，實則未必要確定天界位置的存在於何處。佛教的天，分作「欲樂福報」的和「禪定境界」的兩類。因此可說，凡是欲樂的享受和壽命的維繫，超過普通人間的，便是欲樂福報天，不論它是否存在於地球世界或在太空的其他星球世界。再說禪定天的存在，除了意識之外，不用假借物質做表徵，所以更加不必指出它的存在方位了。

## 八、和平的教團

佛陀的教團，名為僧伽（samgha），意為和合眾，在許多場合，均用「和合僧」來稱呼它。在「六和敬」法的原則下，做到：

（一）身和敬：禮拜等的身業相同相敬。

（二）口和敬：讚詠等的口業相同相敬。
（三）意和敬：信心等的意業相同相敬。
（四）戒和敬：受持的戒法相同相敬。
（五）見和敬：對於佛陀的教法，即是因緣所生苦空等義的見解相同相敬。
（六）利和敬：衣食等的利益相同相敬。

在佛陀的教團之中，沒有特權階級，雖然身為教主的佛陀，也自稱「我在僧中」。僧中的人，凡是已經取得比丘資格並且通曉僧中軌範的人，均有發言權和投票權。人人都有相同的發言權和投票權；人人都有相同的義務和責任。如果遇到偶發的紛歧異見，即依法集會，由大家依法解決；萬一遇上了困難問題，參加的人員，形成了兩個壁壘，爭持不下之時，便採用「如草覆地」的方式，把它當作無意味的案件處理，好像用乾草把潮濕的泥濘遮掩起來，不用再去注意那塊泥濘的地方了。所以，在僧伽之中，永遠是一片寧靜和諧與安樂的景象。故在義淨三藏譯出的《根本薩婆多部律攝》卷一內說：「諸佛出現於世樂，演說微妙正法樂，僧伽一心同見樂，和合俱修勇進樂。」

新學的後輩，對於先進的長老，在求法敬法的原則下無不恭敬如同奉事佛陀；先進的長老，也不會倚老賣老，因為有的沙彌已證阿羅漢果，一些年老的比丘，尚是凡夫；即使是已證聖果的長老比丘，因為已經無我無欲，故對於後進新學，更會如同對他自己一樣地，給予適切的照顧及教導。

教團的比丘和比丘尼，各自成為兩個生活環境。大家都在六和敬法的原則下，度著和平融洽的修道生活；在八正道的標準之下，彼此之間沒有口舌是非之爭，沒有嫉妒，也沒有歧視。

由於大眾的個性與興趣不同，佛陀允許意趣相投的人，分別聚集在一個一個具有特長的長老比丘的左右。例如性喜頭陀行的比丘，集在迦葉尊者的左右；性喜智慧的比丘，集於舍利弗尊者的左右；性喜多聞的比丘，集在阿難陀尊者的左右；性喜神通的比丘，集於目犍連尊者的左右等等。

由於來自各地的比丘，語言不能統一，佛陀也不勉強他們使用一定的語言，允許他們依各自所用的語言而分成一組一組地，來舉行布薩日的誦戒儀式和羯磨作法。

比丘尼的僧伽，為了便於接受比丘的照顧與指導，原則上是住於距離比丘僧伽不遠的地方；但是，除了每半月迎請一位精通戒律並且受了比丘戒二十年以上的比丘，到尼寺教誡之外，平時均在長老的比丘尼的督導之下，度其清淨和精進的修道生活。不過，他們對於比丘僧伽，均抱著尊敬的態度。

因為生活軌範的不同，在家的信徒，原則上不能過問出家人的行為。出家人的生活如有失檢者，乃由出家僧伽的大眾，以會議方式的羯磨法來處置。萬一有人，犯了罪惡，並且觸及了國家的重大法令，便先依據戒律標準，逐出教團，然後再去接受國法的制裁。例如比丘戒的四條根本戒（波羅夷罪），便是比照當時摩揭陀國的死刑標準而定的，所以比丘偷盜五錢以上的財物，便失比丘身分。

因此，佛陀的教團之內，包含了七類信徒，基本上完全是平等的。但在尊敬修行階次的原則上，乃以出家的僧伽為主體；出家僧伽之中，又以比丘僧伽為中心，比丘僧伽之中，復以有德的長老為領導的核心。

# 佛陀的晚年

## 一、佛陀遇到過教難嗎？

在現有的世界各大宗教之中，他們的創教者，尤其是發於中東地區的各宗教的創始人，無一能夠免於教難的迫害者，甚至是因教難的不斷磨鍊而完成了偉大的宗教。此在佛陀，乃是一個特殊的例子，在佛陀的一生之中，從未遭到過外教的迫害。這雖是由於印度民族愛好和平，也是因為佛陀的教義，持乎中道。故在佛世印度的各宗教派系之間，除了義理上的論諍，不曾發生過暴力的械鬥。尤其是佛陀的態度，更為容忍寬大，對於外教教徒，毫無歧視之心，所以，贏得了許多外教徒的皈信。同時也囑咐那些皈信了佛教的外教徒們，對於他們原先供養恭敬的外教沙門、婆羅門，仍當照舊地恭敬供養。

像這樣的態度，除了佛教，即使在印度的當時，也不能見到，但卻成了一直到現在的佛教的傳統精神。

縱然佛陀的教義是如此地容忍寬大，尚有部分信徒，由於皈依了佛教而疏忽了對於外教沙門的供養，因此而曾為佛陀帶來了兩次「女難」。根據巴利文三藏的《本生經》所傳：有一次舍衛城地方的一群外教沙門，由於佛陀的感化力太強，致使他們的名聞利養受到了影響，於是想到了一個破壞佛陀名譽的方法，拜託了一個跑碼頭的女人，那個女人說：「請放心好了，這是我做慣了的事。」

首先，她於每晚，穿戴妝飾得妖豔動人地，手持香及花鬘，於佛教的信徒們，聽完佛陀說法，從佛陀所在的祇園精舍出來之時，正好和大家對面相反地，走向祇園精舍；又於每日早上，當信徒們去祇園精舍向佛陀請安之際，她從祇園精舍的門前，迎著大家，走回城去。經半月之後，她便逢人就說：「我在祇園精舍的香室中，和喬答摩過夜了。」過了三、四個月，她用布片裹腹，看來像是懷了孕的樣子，並且告訴許多的人，說是喬答摩使她有孕了。到了

八、九個月之際，她再用木製的圓形物，包在腹上，外面加穿紅色的衣服，裝成即將臨盆和疲累的樣子，走到正在對著大眾說法的世尊之前，指著自己的肚子，開口罵道：「你呀！知道享受快樂，卻見不到我腹中的孩子所帶來的麻煩了！」

世尊對於這麼一個女人，自然不覺得有可怕之處，僅說：「女人啊！你的話是真是假，唯我和你知道。」

「是的，修行的人。唯你和我知道，所以做了這樣的事。」

然而，當她說完這句話，恰巧來了一陣風，把她那塊圓形木製物的帶子吹鬆了，當場掉了下來。

另外一件關於女難的記載，出於巴利文三藏的《小部經》之中：有個女人，受了外教沙門的委託，到祇園精舍去的途中，被那外教沙門殺死了，於夜中將屍首拋棄在祇園精舍內，然後，到城內去遍散謠言，說佛教教團的人姦淫了那個女子，並且把她殘殺了、拋棄了。於是，當比丘們外出托缽乞食之際，受到很多人的怒罵。大家把這案子報告佛陀，佛陀安慰大家，希望大家不用氣急，過了七天之後，自會消失的。果然，在七天之後，真相大白。佛教的教團，經過了這樣的試煉，聲望更高，道譽益隆了。

如說佛陀曾經有過來自外教的迫害，恐怕只有這樣的女難而已，如要把它形容成為教難，那是很不相稱的事吧！

## 二、晚年的佛陀是幸福的嗎？

如果從佛陀本身的立場言，在他的一生之中，除了修道、證道、傳道之外，無所謂幸福和不幸福。若以凡夫的眼光來看佛陀的傳記，當他成道之後的四十九年之間，除了晚年來臨時，遭遇到幾項不愉快的事件而外，都是在平靜莊嚴而又多姿多彩的化導生活中度過的。

至於佛陀晚年的境遇，最足注目的，乃是來自教團內部的分裂，以及他的祖國遭到了滅亡的厄運。

正因為佛陀的教法是民主和自由的，民主自由，不是壞事，假如這個原則被一些野心家或無知之徒曲解利用之後，便會造成混亂的危機。

佛陀的教團，本來是在一片和諧融洽清淨無諍的情形中，漸漸發展起來的；但是，到了後來，由於教團在快速度化中得到蓬勃的活力，從外教轉入佛教的，從各色各樣的階級或身分進入教團的人，在濫用自由和民主觀念的情形下，終於促成了教團的分裂。比如有一次，佛陀在恆河南岸憍賞彌國（Kauśāmbī）的時候，那裡的比丘們，因了一位比丘犯了一點小過，竟使大家分成兩黨，爭持不休，甚至對於佛陀給他們的勸告也不接受，佛陀無奈，只好離開他們，去了憍薩羅國（Kośala）的舍衛城。結果，由於佛陀離開之後，那群分成了兩黨的比丘，也失去了信徒的支持，還是一同來到舍衛城，向佛陀懺悔前非，重歸於和合。因此，這一事件，雖沒有鬧成教團的分裂，卻為教團的分裂開了先例，以致後來發生了提婆達多的叛逆事件。

當世尊的晚年來臨時，教團內有了爭執，社會上也產生了不安的景象，此從《中阿含經》卷五十九的《法莊嚴經》中，可以看到。那就是佛陀最後一次會見憍薩羅國的波斯匿王（Prasenajiit）時，說到了當時的景況：國王與國王爭、王族與王族爭、婆羅門與婆羅門爭、資產者與資產者爭、父母與子女爭、子女與父母爭、兄弟與兄弟爭、兄弟與姊妹爭、姊妹與姊妹爭、姊妹與兄弟爭、友人與友人爭。但是，以佛陀看他的教團，比起一般的社會，仍覺得相當滿意，並且說：「我見許多修行的比丘們，和合而共樂，沒有爭執，如水乳之交融，互以敬愛之心共住。」

## 三、提婆達多的叛逆

提婆達多（Devadatta）的事蹟，如果依照現存的佛典中，有關他的記載看來，他是在五逆罪中犯了三項逆罪的大罪人。所謂五逆罪，是指殺父、殺母、殺阿羅漢、破和合僧、出佛身血，若犯其中之一，即墮無間地獄。據說，他是世尊在俗時的堂弟，從小就喜歡和世尊競爭，每事均落在世尊之下風，但他始終不肯服輸。

可是，當世尊成道，還鄉省親以後，提婆達多也和釋迦族其他的王子們，一同來到佛陀座下，成了佛的弟子。

漸漸地，世尊的肉身，經過四十多年的教化奔波之後，已在進入垂垂老去的暮年了，教團之中的人數增加了，大多是由大弟子們分別領導著各自的弟子，所謂頭陀行的在一起，習神通的在一起，喜辯論的在一起，善多聞的在一起等等。其中的提婆達多，並未被現存的佛典列為釋迦座下的重要弟子，但他卻要假仗摩揭陀國青年國王的王威，希望佛陀把教團的領導權移交給他，佛陀當然不會承認，並且回說：「我不攝眾。」這是說，領導教團的，不是世尊這個人，而是佛陀的教法和戒律，故囑比丘們應當依法而且依律而住。此也即是佛法四依之一的「依法不依人」。所謂「四依」，乃是佛教的特性之一，即是：依法不依人，依了義經不依不了義經，依義不依語，依智不依識。

提婆達多未能遂其所願，便起了害佛之心，將大石塊從山上拋下，未把佛陀打死，卻使佛的足趾流了血（出佛身血），他帶著跟從他的比丘們，脫離佛的教團（破和合僧），又打死了已證四果的蓮華色比丘尼（殺阿羅漢），別說犯了三逆，即使一逆，已經夠重了。故據傳說，當他以暴力奪取教團領導權之運動失敗之後，便活生生地從裂開的地縫中，墮入了火山口似的地獄之中。

然而今天，對於這項傳說，不能不做重新的考察，因為現存的佛典，即使是最原始的，也是在佛陀入滅之後，由頭陀第一的大迦葉尊者，召集了與他意趣相投的長老比丘們，結集而成的；此後也是以大迦葉一系所傳者為正統的佛教。從這一點說，現存的原始佛典，也難免沒有派系的色彩在內。佛世並無派系的名目，但已有了各大弟子各別領導第二代再傳弟子的事實。一旦佛陀入滅，這種色彩便尖銳化起來。由於提婆達多的生活方式，和大迦葉一系的不同，所以把他挑剔出去，說他是叛逆之徒。至於犯了三逆的記載，恐怕更是後來傳說，大迦葉之時，是否會指摘他到如此程度，尚可置疑。因在世尊和波斯匿王見最後一面時，尚說他的教團是和合歡喜的，是水乳交融的。說完此話不久，他便去了王舍城，再由王舍城，步上了最後的旅程。可見提婆達多的叛逆事件，是否真的發生過，頗有重加考察的必要。

提婆達多堅持的五項生活原則，即是：

（一）住於林間，不住於房舍之中。

（二）托缽乞食，不受信施招待的食物。

（三）著糞掃衣（由垃圾中或墓場內撿起他人所拋棄者），不受信施的喜捨衣。

（四）不食魚及肉。

（五）不食牛乳及乳酪。

由此看來，這是比現有的比丘戒律，更加嚴格與精苦的生活規定。在佛陀住世時代，由提婆達多領導的弟子們，實踐著如此的生活，並且還得到了摩揭陀國的青年國王阿闍世的皈信。可見，刻苦的修道生活，往往能夠吸引到很多的名聞利養，至於提婆達多的用心何在，我們無法知道。從歷史上考察，我們卻知道了這個派系的影響力，直到西元第七世紀，中國的玄奘三藏西遊印度之際，還說尚有人保守這一派系所傳的獨特戒律；在西元第五世紀，中國的法顯三藏遊印之時，也說在賓伽羅（Pingala）地方，有著這麼一個守持特殊信仰的派系。

畢竟大乘經典的結集和成立，和原始或部派的有所不同，故在《法華經》的〈提婆達多品〉中，世尊對於他的態度，乃是出之於讚歎的立場了。

## 四、釋迦族的滅亡

釋迦族原係恆河流域的一個城邦，原則上是獨立自治的小王國，在實際的勢力上，還是受著鄰近大國的影響。這樣的形勢，到了世尊的晚年之際，即有了新的變化。世尊時代的恆河流域，共有十六大國，並立相融，其中以南面的摩揭陀國及北面的憍薩羅國與佛陀的教化關係最深，與世尊年齡相當的兩國國王，頻婆沙羅王及波斯匿王，也和佛陀的關係最密切。但是，一到世尊的晚年，南面的摩揭陀國，由王子奪了王位，那便是阿闍世王（Ajātaśatru vaidehīputra），年輕好勝，併吞了北面的憍薩羅國。在此稍前，北面的憍薩羅國，亦由王子接了王位，那便是毘琉璃（Virūḍhaka），先將釋迦族的城邦滅了。此也真的可謂「螳螂捕蟬，黃雀在後」了。

不過，從佛典的記載中看，釋迦族的亡國，是由於釋迦族歧視而得的惡果。據說，毘琉璃王的生母，原係釋迦族的婢女所生，當時的波斯匿王，以大國君主的身分，命令釋迦族遣送一名王女給他為妃子，釋迦族不願如此做，但又不敢違命，結果便以一名聰明美麗的婢女，偽稱是釋迦族的王女，送給了波斯匿王。事實上，這名婢女，乃是當時釋迦族的統治者摩訶男（Mahānāma）和他的婢子所生，是個混血兒。

可是，當這個混血的妃子末利夫人，為波斯匿王生了一個王子，有一次帶回釋迦族去參加一項盛會，釋迦族的王子們，竟然不許那位年已十六歲的毘琉璃王子坐上會場中的席位，並且譏笑他是婢生之子，被他坐過的席位，竟用牛奶和了水來加以浣洗。這對於毘琉璃王子的侮辱太大了，所以他說：「好啊！我坐過了的席位，用奶和水洗，當我即了王位之時，將取這批傢伙的喉管之血，再洗我所坐的席位。」

末利夫人的身分，雖然因此而被波斯匿王及王子知道了，但她是位虔信的佛教徒，極受他們父子敬愛的賢妻良母，所以沒有把她貶為奴婢。這一筆帳，卻要算到釋迦族的命運上去了。當毘琉璃王即位之後，便發動大軍，向釋迦城進兵。

在漢譯的《增一阿含經》第二十六卷〈等見品〉所載：當毘琉璃王進兵之前，佛陀已經知道，所以預先端坐在軍隊必將通過道旁一株枯樹之下，迎接毘琉璃王，王見佛陀如此，便問：「此處有很多枝葉茂盛的大樹，何故坐於枯木之下呢？」

世尊的回答是：「親族之蔭勝外人也。」

毘琉璃王因此退兵，後來再度進攻，三度進攻，世尊均以如此的方式和如此的答話，使得毘琉璃王暫時引兵而退。佛陀座下神通第一的目犍連，見此情形，也很著急，便說用鐵籠，把釋迦族的迦毘羅衛城覆蓋起來，以做保護。世尊勸他不必試用神通保護他們了。而說：「今日宿緣已熟，今當受報。」也就是說業緣成熟了，受報的事是無法用什麼來替代的。

結果，於破城之後，釋迦族遭到了空前的大屠殺，唯在佛的弟子舍利弗，以及當時釋迦族的統治者，也是毘琉璃王的外祖父——摩訶男的極力設法搶救之下，僅免於殺盡滅絕之殃。

此在巴利文三藏的《佛本生經》中，也說佛陀為了挽救親族的危機，坐於迦毘羅衛城郊的一棵枝葉稀疏的樹根上，然在毘琉璃王的國境內，卻有著濃蔭綠葉的大樹，所以問起世尊，世尊回說：「因為親族的葉蔭涼爽。」王知世尊之意，是為保護他的親族，所以一連三次，都退回了國境。到了第四次進攻時，世尊才放棄了他的努力。

## 五、最後的旅程

佛陀七十九歲的那年，先由憍薩羅國的舍衛城，到了摩揭陀國（Magadha）的王舍城（Rāja-gṛha），他的駐腳處是靈鷲山——即是耆闍崛山

（Gṛdhrakūṭa）。這時候，僅在前後三年之間，佛的祖國被憍薩羅國滅亡了，憍薩羅國也在毘琉璃王死後，被王舍城的阿闍世王兼併了。佛陀的大弟子，例如目犍連（Maudgalyāyana）和舍利弗（Śāriputra），均已先後去世，提婆達多，不論是叛逆或未叛逆，他也是死於佛陀之先的一名大弟子。故當世尊來到王舍城的靈鷲山時，依然受到了阿闍世王皈信。

不過，當世尊由王舍城出發，走向涅槃處的隨行比丘的人數，已經不多，有名的大弟子，僅為阿難一人而已。以凡夫的眼光看來，這是一段寂寞蒼涼的旅程。但是，佛陀自知入滅的時機將近了，所以由南向北，離開摩揭陀國，穿過了跋耆國（Vṛji）與毘舍離國（Vaiśālī），到達了末羅國（Malla）的拘尸那羅（Kuśinagara）地方。在他入滅之前的這段行程之中，留下教法記載的，達十六處之多。殷殷勸善，諄諄教誨，在在施化，處處傳道的精神，實在感人之極。

離開王舍城後的第一行程，便是那爛陀（Nālandā），接著折回來，到了波吒釐子城（Pāṭaliputra，譯為華氏城），這是一個村落，不能算是城邦，佛陀受到了村中在家信徒們的歡迎、禮敬、供養。當時的村民，也正在為著防禦摩揭陀國的侵略而修築城堡，不久即形成了一個國家，佛教史上的印度名王阿輸迦（Aśoka，譯為阿育王）的孔雀王朝，便是發跡於此。

離開波吒釐子城，橫渡恆河，經過拘利村（Kaṭigāma），暫住了幾天，再到那提迦村（Nādakantha），住在燒瓦人的家裡。又轉往當時的商業都市毘舍離，可是，佛陀一向不喜住於繁華的市區，喜歡選擇市郊的閑靜處所居住，所以到了毘舍離城，也是住於郊外的林中，那是屬於一位名叫捺女（Ambāpāī）的娼妓所有的芒果園。

捺女是一位非常富有而且美麗出眾的高級娼妓，以現代語說，大概相當於高等的名女人或交際花吧！從摩偷羅（Mathurā）地方發現的銘文中得悉，她亦曾以鉅資捐獻給耆那教的寺院；又從巴利文的《大品律藏．犍度部》（*Vinaya Mahāvagga*）的記載知道，她對於這個中印度的商業都市毘舍離的繁榮，也盡了很大的責任。可見，佛陀住進她的園林，並非沒有原因了。

當時的佛教和耆那教之間，相同之處很多，所以信仰耆那教而又皈依佛教的人也不少，這位捺女，便是一個例子。當她拜見世尊後，聽了佛陀的法語，便生起了敬信之心，並且邀請世尊和比丘們，次日中午同到她家裡，接受飲食的供養。

捺女剛剛乘車離開，一群屬於跋耆國王室的稱作離車族（Licchavi）的貴族青年，也到了佛陀座前，聽了開示，禮請佛陀和比丘僧們，次日中午同去家中應供。佛陀告訴他們，已經接受娼妓庵婆波利（捺女）的邀請在先了。離車族的青年們聽了，連聲呼著：「啊！真遺憾，我們輸給一個沒有用的女子了！」

因為這個女人太美了，故在去應供之前，佛陀還特別訓示比丘們說：「做為佛子者，不能不見力，所謂見力者，假令削身骨，決不動自心，不任赴惡作。」然在佛陀的心目中，男女貴賤是平等的，既已先受捺女之請，就不能改受離車族的貴族青年之請了。

到此不久之後，便進入了中印度特有的雨季，世尊便打發隨行的比丘們說：「汝等比丘，去吧！在此毘舍離的附近，依靠友人、知己、親友，進入雨季的定居生活吧！我也要在附近的竹林村中結夏安居了。」這是世尊在此世間度過最後一次的雨季安居。

根據巴利文的《長阿含經》（*Dīgha-nikāya*）卷十一所載，世尊即在這年的安居期間，得了一場大病，劇痛異常，幸好以他的定力，克制了肉體的苦痛。他的常隨侍者阿難尊者，見到佛陀的色身，已經衰邁，加上老病的襲擊，心中憂懼，並請佛陀召集弟子，做最後的說法。佛陀便對阿難說了如下一番痛切感人的話：

「阿難！可說之法，我已盡說，比丘們對我還有什麼期待的嗎？對於完人的教法，已沒有瞞著弟子而藏在教師的手心之中了。我僅持僧眾，做為僧眾的同事道侶，我不攝僧眾，故對努力向上的僧眾，尚有何教令的必要呢？阿難啊！我已八十歲了，涅槃之期也迫近了，譬如舊車，靠修理的功能，僅保利用，我也是以方便之力，留住少許的壽命；只要除去一切妄想，住於無念無想境時，身心安樂，了無苦惱。所以，阿難啊！皈依自己，皈依法吧！光照自己，光照他人。所謂皈依自己，皈依法，即觀自身以積精進之功德，以除貪愛煩惱。阿難！人能如此，可稱我的真弟子，堪稱為第一學者了。」

從這段文字看來，世尊未將自己視為教團的統治者，他的教團是不必由誰來領導和統御的，教團的大眾是在教法的指導下，從事修行；教法雖為佛陀所說，卻是眾生自體之所本來具備，佛陀只是悟得了眾生本具的原理，向大家指點迷津而已。因此，皈依三寶的最高境界，無非是皈依自己的本性，皈依使我們達到顯現本性的修行方法，故謂之「自皈依」及「法皈依」，或謂之「自依止」及「法依止」。

## 六、受了最後的供養

上面所說的雨季安居，是因雨季之中，比丘們不便於林間的樹下露宿；又因路途泥濘、蟲蟻太多，比丘們不便冒著風雨外出托缽乞食，所以要大家住到親屬、朋友、信徒的家中去。往往是住於俗人家宅的附屬建築物中，也有住於靠近俗人居處的山洞或樹洞之中的，即是分別住於可以就近得到飲食供應之處，以專心修習禪定為主。

佛陀離開竹林村，即到了遮婆羅塔（Cāpāla），那是一座古墳，相當於現代所稱的納骨塔，在塔處有大樹，所以修行者均喜歡在古墳的骨塔之處的大樹之下靜坐，佛陀和大迦葉初見之處的多子塔，性質與此相同。一般的漢譯為「廟」，即是靈塔或靈廟之意。因其均有大樹，巴利文佛典中將之稱為靈樹。

此時的世尊，因患背痛，故由阿難敷了臥具，讓他在大樹下暫事休息。

從此向北，便離開了毘舍離的國境，通過了班陀村、訶帝村、庵跋村、祥婆村、婆迦市，而到了末羅國的波婆村（Pāvā），接受了鍛冶工人純陀（Cunda）的最後供養。因為純陀是位虔誠的佛教徒，聽到佛陀光臨該村的消息，便去請求開示：「偉大智慧的聖者，覺悟了的人，真理之主，離開了妄執的人，人類的最上者、超越者，請問：世間上有哪些修道的沙門呢？」

世尊告訴他說有四種：「超越疑惑，離煩惱苦，樂於涅槃，去除貪欲，為人天的嚮導者，便是依道的勝者。知道此世間的最上者，並以之判別而將方法說出來的，斷疑不動的聖者，是為沙門中的第二等，呼為說道者。善說法句，依道而生，能自制、勤念、奉行無咎之語的人，是為沙門中的第三等，呼為依道而生者。裝成善守誓戒的模樣，厚臉皮、給信施送禮、傲慢、作為、無自制心，喋喋不休，表現成了不起的樣子，是為汙道者。」

對於出家的沙門，用這四種尺度來做評價，乃是極為得體而重要的。也可由此想見，佛陀晚年時的教內教外的沙門之中，所謂「汙道」的出家人，已經出現了。

純陀被稱為鍛工之子，是做金器的工人階級，並非富裕的人，甚至是被階級社會輕視的人，佛陀為了打破階級的印度傳統，雖然身體不適，依然接受了純陀的供養。

因為這是佛陀在入滅之前所受的最後供養，所以極受後世佛教徒的重視；至於那供養的是什麼，在近世學者之間，也頗受注目。從梵文原文 sūkara-maddava 的字面看來，那是不老不嫩的、柔軟的、上等的野豬肉，通俗的解釋，可名為軟豬肉。但在漢譯本中稱為「栴檀耳」，即是栴檀樹上所生的木耳或菌類。因此，也可將軟豬肉視為栴檀耳的原義之解釋，總之，那恐怕是當時印度相當美味的食品。把它說成野豬肉的看法，在中國系統的佛教界是不能接受的，因為中國佛教是素食主義者；至於在南傳系統的小乘佛教界，倒沒有覺得有什麼不對之處，因為錫蘭、緬甸等的比丘，向俗人家托缽之時，是得到什麼便吃什麼的。

由於正在抱病遊化的世尊，已經非常衰弱了，吃了純陀的那餐菌類的供物之後，病情加重，腹痛如絞，所以催促阿難尊者：「我們到拘尸那羅城去吧。」

# 七、大般涅槃

世尊離開波婆村時，純陀也隨著同行，見到佛陀的病況加重起來，便懷疑是因吃了他的食物而引起的，所以非常地懊惱。佛陀知道了純陀的心意，也知道其他的弟子之中，亦有這種想法的人，故對阿難說：「有兩種供養的功德最大，一是在我成等正覺之前，於菩提樹下少女難陀婆羅的供養；二是在我入滅之前，於波婆村冶工純陀的供養。」純陀聽了，釋了心中的憂苦，感激佛恩的廣大，不禁流淚哭了起來。

佛陀的死，不同於凡夫的死，所以稱為圓寂，稱為入滅（進入寂滅境界），稱為偉大的寂滅，即是大般涅槃（mahā-parinirvāṇa）。世尊到了拘尸那揭羅城，進入城外的林中，在娑羅雙樹之間，由阿難為他敷好了頭朝北方的床位，他便右脇橫臥，兩足上下重疊，安詳地準備進入涅槃了。但他見到阿難在他背後，流淚飲泣，並說：「我在佛滅之後，依誰受教、依誰而得最後的證悟呢？」因此，便把阿難叫到面前：「阿難啊！不要悲傷，我常對你們說過的，世事無常，盛者必滅，會者定離；世上沒有一樣是永遠不變的。阿難！你以精進，沒有與忍辱之道相悖過，必可在不久之間，遠離貪愛之念，打破無明繫縛的。」

阿難得到了世尊的安慰。這時候又來了一位名叫須跋陀羅（Subhadra）的婆羅門學者，年已百二十歲，為了最後的疑惑，故於佛陀臨終之際，特來請求開示。所以成了在佛陀住世期間最後得度的弟子。佛陀也在末羅國大眾集聚的林中，講完了他最後的說法之後，於當夜的月沒西山之時，端然寂靜地大般涅槃了。

佛陀入滅之際，大弟子中隨侍在側的，僅有阿難尊者及阿那律尊者兩人；佛子羅睺羅，已經先佛而去；大迦葉則在他方遊化，但他聞訊之後，趕到佛陀涅槃處，主持了佛陀遺體的火葬儀式。根據資料所見，那時的迦旃延、富樓那、須菩提，尚在人間，卻未見到他們露面。

# 中篇

# 基本教義

# 佛教的信仰與教義

## 一、佛教的發源和流傳

### （一）發源於印度

二千五百年前的一位釋迦族的王子出家，經過六年的修行，開悟成佛，並將他所體悟到的、解脫生死和一切煩惱的方法，向當時的印度社會，宣揚了四十九年，最後以八十歲的高齡，離開了人間。我們稱他為佛，也就是徹底覺悟了一切宇宙和人生道理的人。這是佛教的開始。

## （二）中國佛教

佛教在印度，經過五百年的傳流，才通過西北印度，由中國的新疆省，傳到中國，這在中國東漢明帝的時代，已經有了關於佛教傳入的文字記載。在中國經過五百多年的傳播及發展，由於和中國儒家及道家文化的相互激揚，便形成了具有中國文化特色的中國佛教，共有十三個宗派，那是由於不同的高僧所依不同的佛教的經典和論典，由不同的各種角度，發揮了他們的見解。其中最能表現中國文化特色的，是天台宗、華嚴宗、禪宗。華嚴宗到了中唐（西元第九世紀）以後，便和禪宗合流；天台宗到北宋時代，雖曾一度復興，但卻未能繼續發展。到了近世，談起中國佛教的寺院或僧尼，百分之九十九，均屬於禪宗。雖然尚有修學天台、華嚴和淨土念佛的人，他們的出身，卻不能與禪宗無關。

近代的中國佛教界，出過四位偉大的高僧，那就是以持戒著稱的弘一（西元一八八〇—一九四二年）、以念佛著稱的印光（西元一八六一—一九四〇年）、以熱心教育及弘揚教義著稱的太虛（西元一八八九—一九四七年）、以禪定著稱的虛雲（西元一八四〇—一九五九年），他們四位均對近代的中國佛教有過極大的貢獻。但是，今日傳來北美的佛教，則以禪宗的影響力最大。

## （三）美洲佛教

目前在北美弘揚佛教的，人數並不多，系統卻很繁雜。因為，印度的佛教曾以三個不同的時代，三個不同的姿態，分向三個不同的地區傳播。那就是早期的印度佛教，傳向錫蘭和緬甸；中期的印度佛教，傳向中國；晚期的印度佛教，傳向西藏。而在這三個不同的區域，又形成了三種不同的性格，我們分別把它們稱為小乘佛教和大乘佛教，錫蘭和緬甸的佛教，屬於小乘，大乘佛教之中，又有顯教和密教之分。中國的屬於顯教，西藏的屬於密教。中國佛教又傳到了朝鮮半島和日本。今天的北美，是各系佛教匯集的地方，但是仍以禪宗最受北美社會的歡迎和愛好。今天在北美傳播禪宗的人，不論他們是來自哪一個國家，禪的根源是中國，直到近代，在中國最風行的仍是禪宗。中國人在北美弘揚禪宗最有力的則為十六年前到舊金山的度輪法師（宣化老和尚），他是虛雲和尚的弟子，現在不僅於西岸各城市有分院數處，且已創立了一所法界大學，經常有數十位出家弟子跟隨他修行。在美國東岸，則為現在由本人住持的美國佛教會大覺寺，由於前任住持仁公法師（仁俊長老）的促勸及副會長沈公家楨居士的贊助，雖然由我教禪，僅僅一年多的時間，同時也頗艱苦，前途則極樂觀。我們分別開設了初級班、中級班、高級班、特別班、精進班，學生之中，已有人準備發心出家，終身修行。並且由學生發行了一份《禪》（*Chan Magazine*）的英文雜誌。

至於這次我來多倫多的因緣，當然要感謝僑領吳俠民先生的邀請，我之認識吳先生及為我擔任粵語翻譯的簡許邦先生，則是由於詹公勵吾長者的介紹。

詹公其人，雖非禪宗的傳人，他與近代中國禪宗最偉大的禪師虛雲老和尚之間的因緣，卻十分深切，此可從陽明山中華大典編印會印行的《虛雲和尚法彙》附錄〈虛雲老人末後詩札〉的內容，特別是第十三札〈夢中茶話〉及第十六札〈告別絕筆〉，均可見出詹公與虛老之間感應道交，非同尋常。詹公一生樂善好施，但他並非百萬富豪。十數年前，發大弘願，願以二十英畝農地，捐出做為發展國際佛教的建築用地。近一年來，經過與本人的數度傾談，更發弘願，決定捐出他的一塊面積近七十七英畝的農場連農舍，請中國高僧主持，籌建虛雲禪寺，以利傳播中國禪宗的修行方法，成就僧俗四眾修行禪法。

七十七英畝的土地，對一般人而言，是一筆不小的財產，對一位修行的有道高僧而言，毋寧是一樁麻煩的事。要保持它永遠屬於十方大眾的產業，要從各方面募款，建造寺院，要教導住在那裡修行的人，要培養更多後繼的人才，要維持他們的生活。這項任務，至為艱鉅，否則就會辜負這位施主的願心了。可是，出家人雖不經商，也不得為了薪水而為任何人工作，他的悲願以及為報佛恩而能盡形壽獻身命的信力，必定能感得護法龍天的加被，把這塊農地，經營成為在北美傳播中國禪宗的一座大本山。同時，也不僅是因為詹公或中國禪師要傳播禪的方法，乃是由於在北美的中國人需要它，北美的本地人也需要它。佛教是被這需要的潮流，捲來北美的，在座的諸位以及廣大的北美大眾，才是請佛教來這裡的主人。能有這麼多的支持者，前途當然是極其樂觀的了。

這絕不是空想，凡是真正接觸過佛教的人，他就不會反對佛教的傳播，尤其是禪，它是中國文化最光輝的一部分，它不是宗教，它不必要求你改變什麼，也不要求你做任何不希望做的事。它卻能夠使你從實際的生活中，得到身體的平安健康和心理的平靜明朗。也能使你在不知不覺中變成了佛教的支持者和傳播者。

## 二、佛教的信仰

很多人都認為佛教的信仰是迷信。其實，當你聽過一些佛教對於信仰的解釋之後，你就會明白，佛教不但不是迷信，而且是非常合理的。

### （一）三寶

佛教的信仰，以三寶為中心，不像一般人誤會佛教的那樣，認為佛教是崇拜鬼神的宗教。

佛教的信仰，可以分作自信和信他的兩面，然都是以三寶為主。三寶，意思是寶物，有救濟貧困的功能，佛教則用三種寶物，救濟一切眾生，離苦得樂。

從一般而論，人的自信心是有限的，往往由於財力、智力、權力的限制，對於宇宙人生乃至小到對於平日所處的生活環境，也沒有自信心去解決和克服。這種人，首先需要有一種外在的依靠，才能幫助他克服難關，那就是信他的力量。

## （二）信他

佛教給你信仰的，稱為住持三寶：

1. 佛寶——二千五百年前出生在印度的一位王子，出家修行而開悟了的那個稱為佛陀的歷史人物。

2. 法寶——由那位成了佛的印度王子，把他自己開悟的方法以及用他的智慧觀察到宇宙人生的真理，說了出來，只要我們照著他所說的方法做去，我們也能開悟。

3. 僧寶——凡是佛教徒，如果他能負起修行佛法並且傳播佛教的責任，便稱為僧寶，雖然不限定出家人或在家人，事實上只有出家人才能完成僧寶的使命。在這三寶之中，如果無佛，我們根本無從知道離苦得樂的方法，如果無僧，這些方法便無人示範修行，也無人把這些方法傳流到現在。而我們信佛及敬僧的理由，即是為了學習修行的方法。當然，佛教也鼓勵我們崇拜聖賢，佛教稱他們為菩薩，譬如觀世音菩薩、彌勒菩薩等，也都是信他的對象，並且靈驗非常多。但這仍在三寶之內，一切的菩薩都是僧寶，一切的佛都是佛寶。佛教被人誤為迷信的最大原因，乃是由於許多信佛教的人，只是信佛信僧，沒有懂得修行的方法。事實上，如不學習方法，信佛信菩薩，雖可得平安，卻不能開悟而離苦得樂。唯有學習了方法，認真地修行之後，始能由信他而產生自信的力量。

## （三）自信

即是信自己。這是在信他的基礎上建立起來的，也就是從修行的經驗中，確切地體悟到了我們每一個人，都有成佛的可能，本來和佛無別，所以必將能夠成佛。但這自信的仍是三寶，我們稱它為自性三寶：

1. 自性佛寶——佛的意思是覺悟，人人都具備有覺悟的可能性，實際上，我們每一個人的本性，就是清淨的佛性，只因為被外在的八風所吹，心理受了影響，產生了種種的煩惱，把清淨的佛性遮蓋住了，所以稱為凡夫。所謂八風，是指的利益、損失、毀謗、榮譽、稱讚、譏笑、痛苦、快樂。一個人，如果能夠到達八風吹不動的境界，他就解脫了一切的煩惱，雖然尚未成佛，他已見到了他的自性佛寶。

2.自性法寶——在沒有開悟之前的人，修行的方法，是靠他人傳授的，當你開悟之後，你會發現，修行的方法，本來就是現現成成的，和每一個人的本性是分割不開的。這個方法，包括理論的和實踐的兩部分，理論的部分，可以比作地圖，實踐的部分，可以比作上路向目的地前進，兩者缺一不可，否則不是落於紙上談兵式的研究，便是落於盲人騎瞎馬式的苦修。未悟之前，法在心外，所以需要求師問道，開悟之後，法在心內，從你心中流露出來的，就是解脫煩惱的方法。不必另外再向佛經裡去尋求，但卻絕對是與佛經的觀點一致。因此，佛教的教主釋迦牟尼，在世的時候，一共向當時的信眾們說了四十九年的修行方法，最後宣布，他並未說出一字。也就是說，他沒有創造出任何方法，一切的方法，原來就存在著的，他只是在發現這些方法之後，向大家指點出來而已。

3.自性僧寶——佛與法，既在我們每一人的自性中俱備了；僧，當然也不例外，僧的意思是融洽無間，和合一致，即消除了煩惱之後的狀態，所以稱為「清淨和合僧」。煩惱是從我們的肉體及精神方面的不滿足和不順利而產生的，所以信佛的人，要解除煩惱的痛苦，首先必須從貪心、瞋怒、不明是非的三方面，漸漸地省察和消除著手。尤其像出家人，他們不求任何東西，甚至將他們最寶貴的身體，也施捨出來，稱為捨身出家，所以稱為僧寶。但在他們沒有斷除煩惱之前，僅僅是凡夫僧，斷了若干煩惱的，稱為賢僧；將要斷盡一切煩惱的，稱為聖僧，像觀世音菩薩、地藏菩薩等，即是聖僧；縱然是成了佛的人，也是僧寶之一，所以釋迦牟尼佛，仍對他的弟子們宣稱，他也在僧的數目之內。有很多人，不曉得佛與菩薩的區別，現在，相信諸位已經明白，菩薩是成佛之前必經的修行階段的人，佛是菩薩修行到圓滿時的最高階段的人。佛的身分是最高最圓滿的，但他仍可為了適應各類的眾生，化身為凡夫、化身為鬼神、化身為菩薩，所以在佛經中說觀世音菩薩是古佛的再來，觀世音菩薩有三十三種不同類別的化身，其實，他有千手千眼，也有萬手萬眼，他有千萬種不同類別的化身。化身的方式，則有托胎化身及變現化身的不同，不論哪一種方式的化身，當他在你面前出現的時候，他是你的親戚朋友和家族中人，是普通的人。他可能用正面的方法來協助你，也可能用反面的方法來激勵你，不論正反，都是對你人格的培養和事業的成功有益。因此一個信佛教的人，他看所有的人，都是救助他離苦得樂的菩薩。一個開了悟的人，也能自覺到他自己，是與僧寶不可分割的，所以也能自然而然地，負起了菩薩所應負起的使命。

有些知識分子，讀了幾種禪宗的書籍之後，知道了自性三寶的境界，高於住持三寶，所以自稱信仰自性三寶而用不著住持三寶。像這些人，佛經裡有一個寓言說到：曾有一個愚人，見到三層樓的建築物後，即要求一位建築師，單為他建第三層而不要底下的兩層。諸位想想看，這是可能的嗎？因此，我要告訴諸位，先從信他的基礎上入門，等你根據所學的方法修行到了一定的程度之時，自信的功效，便會自然顯現在你面前的。

## 三、佛教的教義

佛教的經典，實在太多，多得使你無法以業餘的時間來讀完它。我們中國的法師，希望讀過全部的佛經，最常用的方式是把自己和社會的世俗環境隔離，關在寺院中的一間房內，經過數年的閱讀和體驗，才能對佛經的全體，有若干程度的了解。

像我本人，就是經過六年這種生活的人。至於一般的人，譬如目前有好多在大學裡專門研究佛教經典，並且向學生教授佛經的學者，他們很少能把全部的佛經做總體的研究，同時由於他們缺少修行的實際經驗，故也無從確切地了解佛經，充其量，他們是從文字的表面上得到一些印象而已。但是佛教的教義，從原則上說，並不如一般人所想像的那樣困難。它的根本思想，僅僅四個項目：苦、空、無常、無我。

## （一）苦

一個人，如果沒有苦難的感受，便不容易對自己做警惕，更不容易對他人給予同情。所以在美國有一所學校，在訓練學生道德生活的課程中，使每一個學生均有一週的時間，來體驗生理機能有殘障時的痛苦。也就是分別地將學生們，或者矇上眼睛，或者綁起腿子，或者捆住雙手。結果，這些學生的同情心特別高，彼此間的互助精神也特別顯著。

當然，在人類的思想之中，也有不承認佛教所說的苦是真理的，我們無意要說服任何人，佛教只希望把佛所見到的真理，告訴願意知道佛教的根本教義是什麼的人們。在佛經裡面，對於苦的觀念的說明，有幾種不同的分類，今天我想介紹的是五分類，即是：

1. 苦苦——包括四個型態的苦的現象，那是人人都知道的：生、老、病、死。以現在人的知識判斷，嬰兒初生之時，尚無知覺意識的作用，應該是不知道苦或不苦的，所以這個生字，是指出生這個事實而言，由於生而為人，便因他有了身體而註定了必將會病、會老、會死的前程。有的人未老即死，或者終其身不知病為何物，但他不能不死。所謂：「鳥之將死，其鳴也哀；人之將死，其言也善。」原因即在對於死亡所感到的一種無可奈何的痛苦所致。年輕的人，體魄特別強壯的人，比較不容易接受宗教信仰，原因即在於他們對於苦的感受不太強烈。

2. 壞苦——有人反對佛教主張的「人生在世，有受皆苦」的說法，他們認為，人生雖有痛苦的遭遇，但也同樣有歡樂的場合，譬如「久旱逢甘霖，他鄉遇故知，洞房花燭夜，金榜題名時」，乃是人生的賞心樂事。對於這一點，佛教並未忽略，佛教卻想進一步地為你指出：天下沒有不謝的花朵，人間亦無不散的筵席。若從世間相的生起、完成、變異而復歸於消失的這個事實來考察，雖有偶然的美景良辰，它的結局則終歸於消失。所以有些人在沒有成功之前，吃盡千辛萬苦，到達成功之際，又會患得患失，尚未引退之前，便已憂慮到，退休之後的下一步應該如何走法的問題。總之，世相是經常變遷的，不可能讓你抓住一樣使你覺得絕對可靠的東西。

3.求不得苦——我們常常聽到人們在受到挫折之時，會以「天下不如意事，常十之八九」這句話來寬慰他們自己。生在世間，不可能一無所求，最基本的，是求食物、求衣著、求異性。其次若有餘力，則求名望、求財富、求權勢。一個人的能力愈大，他的欲望也愈高。有些人不為他們自己求任何東西，卻又不能不為他人的利益而求。事實上，有求必應的，在世間上是不多的，當在你求得之先，必已付出了相等的代價。

4.怨憎會苦——在人世間，往往是好景不常，而又怨家路窄的事很多，你所喜歡的事物，很難保全不變，你所厭惡的事物，又偏偏常在你的生活中出現。

5.愛別離苦——不論是父母骨肉、夫妻眷屬、親密的朋友，生離和死別，乃是最能使人斷腸的苦事。有的人，你愛得他好苦，他卻並不愛你；有的人雖然相愛，卻有不得不分離的情況發生；有的人雖然終身相守，卻不能避免死亡的有先有後。

以上五種苦相，即是我們的人間相，因為我們的身心，是過去世的行為留下來的結果，佛教稱之為苦因與苦果。如不及時中止，因果的循環，便無了期。中止苦因的方法，便是修行，此到下一次再講。

## （二）空

佛教被稱為空門，故在香港，有些賭錢的人，就怕早上在街頭遇到僧尼，他們迷信，空門中的光頭，會使他們輸得既空又光。其實，佛教的空，根本不是那個意思。如果不懂佛教所講「因緣」二字的道理，你就無法懂得佛教所講的「空」是什麼意思。所謂「因緣」，是指世間事物的形成和毀滅，均有它的因素，佛教稱這種因素為「因」，又將這種因素與因素之間所發生的關係，稱為「緣」。正由於一切的事物和現象，無一不是集合了許多的因素而完成的，如把各種因素分解開來，任何一種特定事物和現象，均不可能存在。佛教，要人去除煩惱的方法，首先使你明白世間的事物，無一不是暫時由各種不同的因素集合而成的幻相，這些幻相，使你幻覺它們的存在，其實，除了因素，並沒有事物，因素在變，事物也在不斷變化。如果明白了這個道理，你就不致於對稱心的事物起貪心，對不滿的事物起怨恨了。可見，佛教所講的「空」字，並不是一切都沒有的意思，而是要你在努力促成其事之後，不要把它擺在心裡，那是去除煩惱的最好方法。因此，由「空」的意義的說明，也必須了解，它會告訴我們如下的兩種意義：

1. 無常——一切事物的現象，既都是暫時的各種因素的聚和散的活動，只要因素的位置和形狀有變動，事物的聚和散的活動，也就跟著變動，佛教把這種聚散活動的相狀，分為「生、住、異、滅」的四種型態。這四種型態，從來不停留，所以是無常而不永恆的。

2. 無我——人類的煩惱，多過於其他的動物，只因為人類的自我觀念，比其他的動物更強烈。自我的觀念，帶來自私的行為，凡是遇到和這自私的行為相牴觸的事物，便會引起煩惱。構成自我觀念的基本因素，便是我們的肉體，再漸漸地向外擴張，有了我的財產、我的家屬、我的名譽、我的事業，我的權勢、我的思想等等。人們為了維護這些「我」及「我的」觀念，努力奮鬥，也為了這個我而招致煩惱。從「因果」的觀點上說，佛教是鼓勵我們積極向上的；從「因緣」的觀點上說，佛教是主張放棄我見的。世間一切事物，包括每一個人的身心在內，無一不是由因緣促成的幻相，根本找不到「我」的觀念可在何處生根。所以是「無我」。但是，此處僅從理論上，分析給你聽，使你明白，你的「自我」並不可靠，也不實在，當你有任何痛苦而無法立即解決的時候，不妨試著想想，至少可以使你減少一些因痛苦而引起的怨恨和憂鬱。至於親自來體驗「無我」的身心境界和宇宙境界，那是要在開悟之後。要想開悟，必須親自修行。

（一九七七年十月二十三日講於加拿大多倫多市中山紀念堂）

# 因果與因緣

## 一

謝謝曉峰先生給我所做的介紹。今天能有此殊勝因緣，來與諸位大善知識談論佛法，是我感到生平最難得的勝會之一。在座的諸位，均為今日中國學術及宗教界的領袖，尤其是華岡的高層學者專家，對於佛學的研究及佛法的修持，像曉雲法師及周邦道教授，均比我高明，所以我不敢說是來此演講，其實是來向諸位請教。

像今天這樣集合各宗教學者於一堂，討論宗教與道德的問題，在臺灣是首創之舉，也唯有在曉峯先生主持的華岡，才有此可能，這也正是中國儒家涵容精神的表現。故在華岡，設有各宗教的研究所，更進一步使各宗教的學者，集於一堂，相互取得理解，彼此觀摩，用以截長補短，共為人類的道德生活做最大的貢獻。

記得在兩年半前，接受政府邀請，回國出席海外學人國家建設研究會議期間，曾專程訪問曉峯先生，他向我建議，佛教應該將叢林的生活規範，與大學的制度教育配合，叢林附設於大學左近區域，使得叢林中的優秀僧尼，既有修道的生活，培養出家人的宗教情操；又有正規的大學教育，培養出家人對社會有貢獻服務能力的條件。此一理想，迄今雖尚未成事實，相信它將可成為事實，也必須其成為事實。

## 二

今天我想用兩個名詞的四個字，將佛學做一個概要性的介紹，那便是「因果與因緣」。因果和因緣的意義，可以做淺顯的說明，也可以做深廣的發揮。如能掌握了因果及因緣的精義，便是掌握了整個佛教的教義。所以，我要沿著兩個方向來探討它：一是教團的，一是教理的，將其合併起來，便是佛教史的說明。

簡單地說，因與果是因素與結果，所謂種瓜得瓜，種豆得豆，這講的是同類因，得同類果，也有以不同的因得不同的果，也有無法取得因與果相等的事實。

因果觀念從現實的事象上看，可以成為普遍的真理，比如說，如是因結如是果，又說善有善報，惡有惡報。在中國傳統思想中，如說「積善之家必有餘慶」，「積不善之家必有餘殃」。這與父慈則子孝，兄友則弟恭的原理一樣。也就是說，種了好的因，必得善的果。然而，世上確有父慈子不孝，兄友弟不恭的例子；也有積善之家橫遭滅門慘禍的事實；也有行善積德一輩子，臨終未必能獲全屍的例子。因此，佛教對於如中國儒家所說「未知生焉知死」的生死不可知論是不能滿足的。佛教把善惡行為的因果論，從現在的一生，穿過生前與死後的來源與去處，並且將之延伸到過去的無量生死及未來的無量生死，現在的這一生，不過是過去無量時間過程與未來無量時間過程中的一個連接點。通過了過去及未來的生和死的解釋，始能明白，我們現前一生的時間，實在太短促了。若要以現前一生的現象，說明因果的道理，便像我們在一部鉅著之中，摘出一句話來，加以主觀的解釋，那是斷章取義，無法正確地介紹那部著作之全貌的。以三世來說明因果，因果的道理始能完備。佛教講「業感緣起」，「業」是身心的行為所留下的慣性作用或餘勢，這種慣性，可以一直延續下去，直到無從著力之處為止。人的善惡行為，既是過去的業因所感受的業報，也是未來的業果之所以產生的原因。通過過去的生生世世及未來的生生世世，來看現在這一生死間的一切遭遇，便不會覺得尚有任何不合理或不能取得報償的事了。不過，若不能通過對於佛教教義的絕對信從，或不能通過宗教經驗的親歷，便不易理解，也不能接受這三世因果說的觀念。但是，佛教之成為合理化，佛教之能以因果說而攝化眾生，形成龐大的宗教團體，即在於三世因果說的建立。

因果之說不是佛教的獨家之言，以因果與三世配合著講，並以因緣來說明因果的究竟點，則為佛教的特質。因與果之間的關係，是以時間的先後而建立，因與緣之間的關係，則以空間的交互影響聚散而建立。因果的形成，不論是因或果，均不能脫離主因及助緣，主因是動力或能源的出發點，助緣是圍繞著主因而促使主因成為新的事物及現象之其他要素或成分。所以，要說明因果現象的生滅變化，必須要用因緣的道理。

因緣說是佛教的特質，也是釋迦牟尼佛成佛之時所悟出的最大法門。佛教所說的悟境，即是悟出世間的一切現象，空間的、時間的、心理的、生理的、物理的、社會的、自然的，凡是現象的起滅轉換，無非是由於因及緣的位子的變動、成分的增減、類別的出入，而產生的離合、合離及組成、解散，解散了再組成的現象。故從因緣的觀點看世間諸法，無非是幻有的、暫有的、假有的、本性是空的，既無一物可以永久存在，也無一物可以普遍存在。所以不論是人為的，或是自然的，凡是可以用觸覺、知覺、感覺來認識思辨的一切，都是假相，不是真理。如果能夠理解這層道理，並且以修行的方法來親證這層道理，佛教稱之為悟，稱之為解脫，稱之為斷煩惱，稱之為離苦得樂。

## 三

基於因果報應的觀點，佛教建立了教徒的倫理生活的規範及教團的團體公約的依準。對個別的教徒而言，在家眾要受三皈及五戒，初出家的少男少女或未受成人教育的，要受十戒，成年的男眾，要受二百五十條的比丘戒，成年的女眾，要受五百條的比丘尼戒。戒律的作用，消極面是不做一切惡，積極面是須成一切善。種了惡業的因，將受惡的果報，種了善業的因，當受善的果報。所以，從持戒與否的功過觀念為出發點而接受佛教倫理生活，仍是有為的有相的，是通於世間其他各派之說的，持戒的功德，可生人間及天堂，但尚不能解脫生死。要想解脫生死，必須持戒而不以善惡功過為意。也就是雖不做一切惡而不是為怕遭受惡果，雖行一切善而不是為求富貴利樂的福報。為什麼？為度眾生，雖遭無量苦逼而不以為苦，由於持戒積德，雖獲無量福報而不以為樂，因為不論苦事或樂事，皆由因緣所生的假相，而非實相。

從因果之說，佛教為未得解脫的芸芸眾生，建立了有善有惡的報應觀，使得凡夫眾生，不違本性而除惡為善；從因緣之說，佛教為已進佛門，並在修行道中相當努力的眾生，解下「我」的價值的包袱，而得究竟的解脫。所以，佛說有因有果，是對凡夫說，是警策凡夫，為善去惡；佛說因緣生法是空是無，乃對根利的眾生說，是鼓勵他們撤除功利觀念的「我」執，而進入解脫之門。

相信在座的諸位，都曾熟聞「野狐禪」的名稱，這是百丈禪師與一位墮落為野狐身的禪者之公案，禪者由於未達空理，誤信「不落因果」而五百世為狐；經百丈點破為「不昧因果」，始脫狐身而化去。因此，凡是空談公案，只是口頭上說無相無我，無佛無眾生，而不曾經過切實修行的人，佛家便稱之為野狐。切實修行，而又執著有大功德，希求成佛做祖，認為能轉法輪，並有無量眾生可度、已度、將度的人，佛家稱為執著漢。必須不昧因果之理，又不執著「我」的價值之為實在，方為佛法的正理所在。

再從佛教教團史的發展上說，佛陀的本懷雖從有因有果的道德基礎而開出因緣生法，自性皆空的解脫境界，但在既成的教團而言，為了衛護教團的純淨，不得不強調佛陀親口所訂的生活公約，而主張佛陀已制的不得小廢，佛陀未制的不得更制。因此而形成了保守的教條主義。事實上，佛陀當時所制的戒律，是因人、因事、因地、因時制宜的，所以，我們在律書中可以看到，佛對於各種有關僧尼生活的規定，往往是修改了又修改的。到了佛滅之後，無人敢對佛的規定另做修訂，為了適應不同的社會環境，就有了各種對於戒律的不同解釋。故在佛滅後的數百年間，大有百花競放的氣象，形成了部派佛教，各部有各部自己的律本，無不強調，自派的見解是最正確的。從對於戒律的歧見，發展成對於教理解釋的新舊之分，這便是自由思想的大眾部及保守思想的上座部之形成的因素。從因果的立足點說，是有的，是要嚴守佛曾說過的一切教誡的；從因緣的立足點上說，佛的一切教誡，無非是因人而異、因事而異、因時空不同而有不同的種種接引教化的方便法門，其中並無一成不變的定規定則，否則，不落於人我之執，也會落於法我之執，均非佛陀說法的本懷。

上座部各派，既有各自傳承的律書，當然已是經過變動了的，縱然被目為保守，在保守之中，也不能脫出因緣生法，生、住、異、滅四態的範圍。

## 四

從教理發展史上看佛教，自大眾部而高揚了般若的空慧之學，自上座的有部開出了名數分析的唯識法相，此即構成了印度大乘佛教的空、有二系。唯識講有，般若說空；有是說明假相的，空是說明實相的。若不從假相的分析，無從以理解來明白實相，實相的本身，絕不是可藉假相的分析而得理解，而是要從真切的修持中透悟，然在透悟之前必須明白了包圍在實相之外的煩惱妄想，是些什麼之後，始能逐漸除煩惱而得明心見性，洞徹實相。

唯識法相之學，有人解釋為佛教的心理學，其實不然，心理學的目的，止於心理活動的剖析，達於心理狀態的正常化。唯識則對眾生生死及生命之源流與波揚變化，做追根究柢並截斷眾流，拔除生死根本的所謂正本清源的工夫，一般人，除了不可知論及唯物論者之外，大多相信人死後尚有靈魂之說，並且以為，肉體與靈魂的關係，像房子和人的關係一樣，房子破舊了或壞塌了，人可以搬進新房子去，又像是旅店和旅客一樣，在旅途中的旅客，可以不斷地換住不同地區的各種旅店，旅客本身是不會變更的。然在唯識的觀點上說，並無一成不變的我相、人相、眾生相、壽者相。眾生的生命之持續，是隨時變遷的，它的主體，看來似乎是一，實則是由許多不同的業力所感的「識」所顯現，只要身心繼續不斷地活動，業力感染所成的識的內含成分，也跟著繼續不斷地變化。只要有「我」的觀念的執著，就有業力熏成的識，到了「無我」——不受貪欲、瞋恚、無明愚癡等煩惱心所動搖惑亂之時，業力的熏染，便不存在，生命主體的識，也就不存在了，此時稱為轉識成智，即是轉凡夫為聖者。唯其由於生命的主體，本來是剎那變化的假相，所以它有徹底消除的可能。不過，煩惱的識，本身即是清淨的智，故不會由於煩惱的消除，連智慧的功用也沒有了。所以佛教不是斷滅論者，要注意的是，到了智慧顯現之後，智慧與煩惱的區別界限已不存在了。這也正是實相無相緣生性空的境界了。

佛教到了中國，比較起來，是喜歡空的，但卻並不喜歡印度的般若空，不論是天台、華嚴、禪之各宗，都是空與有的調和論者，總是要講心和性，所謂清淨心和實性、佛性、法性，都是在空去煩惱妄心之後，尚有一個菩提心或寂滅性，這稱為唯心論的佛教，以心為中心，例如天台稱一念三千，不出一心。或稱自性彌陀、唯心淨土等的觀念，均係空與有的調和論，講真空的同時，又要講妙有，這是由於中國的固有文化，喜簡樸，所以對繁瑣的名相分析的法相唯識學，未能做廣大持久的弘揚；又由於中國文化，重視實際的生活，所以對於一空到底的般若之學，也不能做廣大持久的弘揚。

## 五

從因果與因緣的涵義，說明了佛法並不深奧難懂，只要掌握住因果與因緣的原則，佛法的綱領，已被你抓住了。明因果，可以不墮三塗惡道，知因緣，可以撤除我執我見的藩籬。知因畏果者修人天善法，通徹因緣者修出離法。唯有因果與因緣兩重觀念的相加並馳，方是大乘菩薩道的正信及正行。

（一九七八年二月十八日講於陽明山中華學術院宗教與道德研究所之午餐會上）

# 唯心與唯名

諸位居士：

首先謝謝貴社周子愼老居士的邀請，使我有機會又一次與諸位在此見面，同時也謝謝貴粥會的輪值主席臺大心理學教授黃光國博士，為我做的介紹。

我對整個的佛法而言，尚不足以提出個人的判教思想。今天所要講的題目「唯心與唯名」，僅是個人對佛法做一些嘗試性的介紹，絕對沒有標新立異的企圖。

# 一、唯心

「唯心」一詞的依據，最有名的是唐譯八十卷《華嚴經》卷第十九〈覺林菩薩章〉中所說：「若人欲了知，三世一切佛，應觀法界性，一切唯心造。」又說：「心如工畫師，能畫諸世間，五蘊悉從生，無法而不造。」然在晉譯《華嚴經》卷第十〈如來林菩薩章〉只說：「若人欲求知，三世一切佛，應當如是觀，心造諸如來。」有唯心之意而無唯心的名詞。

本來，佛法不講形而上的本體論，為了便於一般學者理解起見，權且循著哲學的觀點，將佛法的觀念介紹出來。現在就「唯心」的心字，分作本體和現象的兩個論點來討論。

## （一）本體論的心

佛教思想中的本體論的心，又可分作清淨心、真妄和合心的兩類：

1. 清淨心：是講絕對的圓滿，亦即是萬法的根本，例如唐譯八十卷《華嚴經》卷十九〈覺林菩薩章〉中所說：「心中無彩畫，彩畫中無心，然不離於心，有彩畫可得。」又說：「彼心恆不住，無量難思議，示現一切色，各各不相知。」這是純淨心中，示現一切法，法本無淨穢，故心亦常清淨。現實世界之有淨有染，與清淨的本源心，沒有關係，那是由於凡夫眾生的煩惱妄想和執著所致。雖然有人會懷疑，本來清淨的心中，何以會產生不清淨的妄心和妄法，但是，從清淨心的立場，看一切法無非是清淨心的自然如此。所以當釋迦世尊成道之後，最初發現的真理是：「奇哉！奇哉！大地眾生皆具如來智慧德相。」也就是說：眾生雖分有六道和四生，眾生之為眾生，乃是由於眾生迷於生死，雖有生死的現象，以佛法的立場看，卻有並未離開清淨本然的佛心，眾生心中雖覺有虛妄，佛心中則恆是一片真實。

2. 真妄和合心：清淨心的理論雖極超越，尚有許多人要問：既然本來清淨，又從何而來種種煩惱雜染的生死現象呢？因此，佛學之中又有一種對於「心」這個問題的解釋，即是以《大乘起信論》為中心的如來藏思想。闡述如來藏思想的經論有不少，例如《大般涅槃經》、《大法鼓經》、《勝鬘經》、《如來藏經》、《楞伽經》、《無上依經》、《不增不減經》、《大乘密嚴經》，以及《寶性論》、《佛性論》等。由清淨的真如心，而有空如來藏與不空如來藏（如《勝鬘經》），又由真如心而開出不生滅與生滅的二門（如《大乘起信論》），如來藏隨淨緣，則為清淨真如心；如來藏隨染緣，則成生死的第八阿賴耶識。由此而形成了真妄和合的心。在《楞伽經》中稱：「寂滅者名為一心，一心者名為如來藏。」此處並無真妄之分，但在《勝鬘經》的空如來藏是指清淨心，不空如來藏已有染淨的功能在內。《大乘起信論》則明白地指出如來藏是隨緣的真如心，是真妄和合的心，亦即是在染則染、在淨則淨的眾生心了。

清淨的「一心」也好，素樸的如來藏也好，生滅與不生滅和合的真如心也好，都是為了指出眾生的形而上的本體是什麼。雖然世間法都想追問萬法的起源與結果，佛法為了不願墮入神我外道的一元論的陷阱，所以怎麼講也不指出生死之初的情況，只講因無始無明而有生滅，而此生滅的本身，並不異於不生滅的清淨心，一旦大悟徹底，既不是生滅，也不是不生滅，乃是絕對待而不思議的，無以名之，姑且稱之為「心」。也可以說無明是無始的，但卻是有終的，而無明的終點，並不等於把無明從清淨心中割除掉，乃是從無明得到大解脫，不受無明束縛而自在遊戲於無明之中。

## （二）現象論的心

這又可分作認識心與修道心的兩大類：

1. 認識心：從小乘的觀點談認識心，名為心、意、識，此三個名相，或有多義，或為一義，一義即是三種名稱雖不同，而其所指則為一；多義即是三種名稱含有三種不同的意義。有說，「意」為過去，「心」乃未來，「識」為現在。有說，在六根、六境、六識的十八界中設「心」；在六根、六境的十二處中設「意」；在色、受、想、行、識的五蘊中設「識」。實則，此三名所指，仍是一樣東西，即是認知及辨別的心理現象。

另從大乘的觀點談認識心，是指唯一的根本識，或名為阿賴耶識的種子生現行，即是第六識的功用。阿賴耶識則是儲藏一切染淨種子的倉庫，是第六認識心的本體，它是萬有所成，也能變現萬有。

2. 修道心：經論中常有提到修道心的重要性，例如《阿彌陀經》中的念佛至「一心不亂」，《法華經》卷七的「一心稱名」；天親《往生論》中的「世尊，我一心歸命盡十方無礙光如來」。善導大師《觀經疏》第四卷說到「一心專念彌陀名號」。

修道心的功用，是從修習戒、定、慧而產生。戒的精神在於止一切惡，行一切善，善惡的抉擇判別，在於心的運用。小乘人持戒，特重於身體的威儀清淨，大乘的菩薩持戒，特重於心地的染淨差別。所謂修道心，有三種型態：散心、定心、慧心。散心修道，意為雖行於散善，而猶能夠隨分攝心；定心則是內與三昧相應，外息一切緣慮妄想；慧心，是指從修定而得的智慧功能，或經由聖賢的開示，或自行讀誦，得見心眼的光明，或名「心印」。《傳法正宗記》卷第二云：「夫心印者，蓋大聖人種智之妙本也，餘三昧者，乃妙本所發之智慧也，皆以三昧而稱之耳。心印即經所謂三昧王之三昧者也。如來所傳，乃此三昧也。」經說「如來惠我三昧」，即是以佛心印，印證弟子得法眼淨，開了心頭的智慧之光。《祖庭事苑》卷八也說：「達摩西來，不立文字，單傳心印，直指人心，見性成佛。」此處的「心印」是指修得的智慧；「人心」是指真妄和合的如來藏，或已被煩惱覆蓋的第八阿賴耶識；「見性」是見真如的本性，即是本然的理體。戒能安身，定能安心，慧能從心起用。以心印心是智慧的功用，在主觀的內在與客觀的外在之間，完全合而為一的一種心理狀態，所謂但可心照而無從言宣的一種直感。

## 二、唯名

在佛法的觀點看，「名」與「心」是互為主體的。因此，我們可把它分作認識心的名及修道心的名，加以說明。

### （一）認識心的名

1.「名」是心法：《俱舍論》卷第五稱「名謂作想」，也就是說，「名」是思想、想像、想念等的心理活動。再看十二因緣中的「名色」二字，是指五蘊法而言，色是眾生的依報，是物質世界，名是眾生的正報，是精神世界。名是指受想行識的四蘊，色是色蘊。五蘊法所講的眾生身心的全體，名既是心法，故稱唯名，實際即是另一類型的唯心論。

2.「名」是有漏有為心所變境：凡是心識，都是有漏，也都是有為，小乘看到的，只止於第六意識，大乘則講心意識，詳加分析，開出第八阿賴耶識或阿陀那識。由第八識所變現的一切法，稱為唯識所變現境界，即是眾生的依報。名是詮釋表示八識所現的事事物物；分別識是名的能詮，名是分別識的所詮，而實為一體。

例如《楞伽經》卷一所講的五種法：

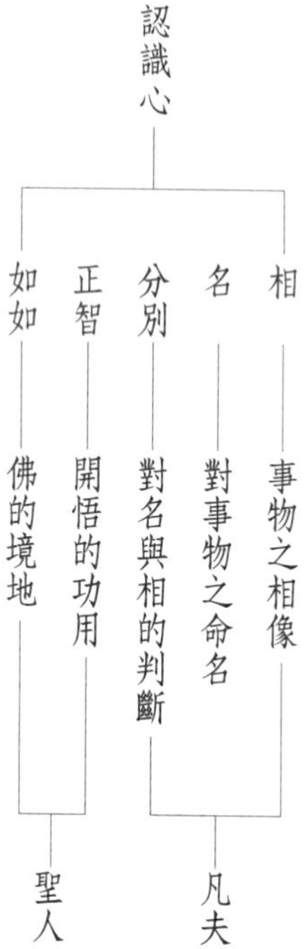


名是境相的標示符號，分別是妄想心，例如以眼識來對色境，而有第六意識的分別或辨別，在如來的正智，雖亦對境起用，從根本智而起後得智，但卻不起清淨與雜染之分別的妄心。唯有在凡夫的立場，始有能詮與所詮，以及能變與所變的分別執著，復由所變境而起種種煩惱心。由於分別執著虛假的名相，而起種種妄惑。所以《楞伽經》卷四要說：「愚癡凡夫，隨名相流。」

3.「名」是妄想心：在《法界次第》卷下云：「心如幻炎，但有名字。」此處所講如幻如炎的「心」，即是指的虛妄心或煩惱心。心本不存在，由於妄心或煩惱心的結合與積聚，便似乎有了心的存在的感覺，所以給它標上了名字。

## （二）修道心的名

從修道的立場看「名」，它既是煩惱法，也是除煩惱法。

1.「名」是煩惱法：名既是由妄想心所產生，所以定是煩惱的有漏有為法。修道的目的，即是要轉變煩惱心而成菩提心。「名」是財、色、名、食、睡的五欲之一，窮人希望發財，飽暖則思淫欲，豐衣足食而有美眷如玉之後，又會想到受人敬仰，追求名望及社會地位，乃至以立功立德來揚其名聲，小則榮身耀祖，譽滿一方，大則留名青史，以揚名千古。所以，「名」雖為五欲之一，雖屬於煩惱法，但其比之以財色及食睡的四欲，並非很壞，至少，為了愛惜名之羽毛，不敢公然地做大惡業。不過，名大招忌，它會為你引來很多莫須有的煩惱，如果以偽善或暴力來沽名釣譽及爭名奪利，那是非常可憐的大煩惱了。所以，實至名歸者，無關宏旨，為名所動而名不副實者，便是煩惱心的發芽茁壯，能使人們永沉苦海，接受苦果。

故在《俱舍論記》卷五云：「唐言名，是隨義、歸義、赴義、召義，謂隨音聲，歸赴於境。」也就是說，名是隨著音聲文字而歸赴境相，它有召集的功用。也可以說名聲是隨著言語文字的傳播，而得到更多人的知道，名愈高，隨之而來的恭敬利養或誹謗打擊也愈多。實至而名歸者，固然無關，若為名而自赴於險境者，實在可怕，若你的名氣愈大，趨炎附勢及對付你的人就多。所以有多大的名聲，就有多大的感召力或引人注目的力量。

對常人而言，有財產未必就有美名，有美名亦未必就有財產，所以，名和利，雖有連帶關係，並不是必然有關係。

不過，「名」是枷，「利」是鎖，當你有能力（智能或財力或勢力）之時，人家為了使你替他們做更多的事，賺到更多的錢，他們會給你送上很多的美名，乃至金錢，投合你貪名求利的心。可是，當你接受的美名與報酬愈多，你須付出的心血也就愈多了，其至會使你身不由己地，被名利牽著鼻子東奔西走。像我現在，與利固然無涉，因為有了一點小名，就有好多人想給我套上更多的名，什麼董事長、館長、所長等。我為逃避名利，已逃了數十年，最近數年，卻逃不掉了。或者有人覺得我很好過，其實我為這些事務性的名義，頗感苦惱！記起天台智者大師說過的名言：若不領眾，可至銅輪位，後以損己益人，僅至五品內位。也可以說智者大師亦是為盛名所累的人了。但是如果為了度眾生，名是有用的。

2.「名」是除煩惱法：我們再把「名」分析一下，我們既能從因緣論的觀點破除執著，也可從因緣論的觀點破除名相。修行的基礎方法，是數息觀與因緣觀，數息觀破散亂，因緣觀破愚癡，既然「愚癡凡夫，隨名相流」，我們就得以修因緣觀來破除名相，而進入聖流，名是標的符號，不是實在的，只有假名。真名無名，假名才有很多的名。因此觀察一切的東西，先僅有相，相是因緣和合而成的，名是標示所有因緣和合而成的事物的一種符號。《金剛經》稱：「凡所有相，皆是虛妄。」相既是虛妄，何況是由相而起的名呢？

有人勸我少演講，多寫書，可以留名千古。演講，只有幾十個人聽，多至幾百個人聽，最多幾萬個人聽，聽過以後就沒有了。但我要試問：是什麼留傳千古？是聖嚴這名字留傳千古，千古以後我聖嚴這個人在哪裡呢？書裡頭？書外面？於我本身有何干係？這個地球世界會壞，這個三千大千世界的全體也會壞，能夠逃出這個大範圍的可能很渺茫，縱然把我的書裝上火箭，送到另外的星球去保管，也不能逃過毀滅的命運，時間太長，空間太大，幾萬年也僅剎那間就過去，幾百萬光年的距離，也只是近在咫尺，名是保不住的，不能永恆存在的，何況名之與我們自身的關係，正如剪下了的頭髮與身體的關係。這樣分析以後，就知道名與我們沒有關係，正如剛才黃光國博士給我介紹了好多頭銜，與我沒有關係，連聖嚴二個字與我也沒有關係，聖嚴這二個字用到目前為止也只有十幾年的時間，我過去不叫聖嚴，將來死了，也不是聖嚴。

印度的大乘佛法分為三大系：一個是真常系，是指真如、如來藏、佛性等的常住真心的系統；一個是性空系，又叫中觀般若系；一個是唯識系，今天我只講唯心和唯名，其實也講了唯識。不過請諸位不要誤會我有了獨特的判教。我沒有忽略唯識系的佛學，我只是從心和名的立場來講而已，在此，我要告訴諸位的是：唯心系的佛學思想，重視心的本源及其結果。唯名系的佛學思想，則著重於現前這個妄心的認識，追尋到了源頭，便是修行的結果；要對現前妄心的徹底認識，必須有修持的努力做為代價。所以，不論從哪個角度看，佛學的目的都是教人以切實的修持來完成解脫與自在的聖果。

（一九七八年十一月二十九日講於慧炬粥會，劉國香、杜正民居士整理）

# 活佛與活菩薩

## 一、活佛

諸位同學：

今天所講的這個題目，也許讓各位覺得奇怪，在聽講之前，可能有些同學會想：「活佛」究竟是什麼？「活菩薩」又是什麼？

諸位大概聽說過，在蒙古、西藏的喇嘛（意為上人）之中有的叫作活佛。其實，喇嘛之中的「自在轉世」者，西藏語稱為「仁波切」，蒙古語稱為「呼畢勒罕」，其原意並沒有活佛的意思，乃是乘願力再來的修行者。中國漢文為了分辨喇嘛與轉世者的不同，就稱他們為活佛，就是活著的佛。

西元十五世紀時代（相當於明朝初期），西藏的宗喀巴出世。在他圓寂以前，叮嚀他的許多弟子，轉生世世度眾生，其中最有名的，即是後來西藏與蒙古地區的四大喇嘛——達賴喇嘛、班禪喇嘛、章嘉活佛、哲布尊丹巴。宗喀巴本身並沒有成佛，這個世界上只有釋迦牟尼佛成了佛。把修行有大成就，能夠生死自如，有願力再轉世度化眾生的人，稱為「活佛」，乃是表示對於轉世再來，弘揚佛法者的一種尊稱。

今天，我們所要講的活佛不是西藏或蒙古的活佛。現在且讓我們以七個子題來講「活佛」的內容。

## （一）佛與佛法

釋迦牟尼佛是佛，釋迦牟尼佛成佛以後，他說出有關他修行的過程、方法及開悟成佛的經驗而成為佛法。佛法有三藏十二部，其實三藏十二部並不完全是佛所說的，例如論藏的大部分，它是經過歷代高僧將佛法哲學化、系統化而整理出來的；經藏之中也有些是菩薩說或弟子們說的。

由佛所說出的成佛過程和方法，以讓人人追尋而成佛者，我們稱為

「經」。佛對弟子們的生活做了許多的規定，稱為「律」，也是佛法。佛經因體裁不同而分為十二部，這十二部是佛陀把佛法用十二種不同體裁或性質所說出的修行方法。十二部的名目是：散文、重頌、孤起頌、因緣、本事、本生、未曾有、譬喻、論議、自說、方廣、授記。

佛所說的話，並沒有要告訴我們宇宙人生的起源，也沒有要告訴我們邏輯學上的種種問題。佛只是直截了當地對當時各類不同的對象，說了種種應病予藥的修行方法。釋迦牟尼佛入滅以後，其弟子們結集遺教，先是口耳相傳，然後才開始有文字的記載。

佛法，並不限於佛陀親口所說，也不限於三藏十二部。它有一個稱為三法印的原則，即是「諸行無常，諸法無我，涅槃寂靜」，合乎這個原則的，即使不是佛說，甚至是外道所說，便是佛法，否則便非佛法。有了這個原則，我們可依據三法印來鑑別衡量一切思想，是佛法與非佛法。

## （二）佛與佛教

釋迦牟尼佛成佛以後，首先有幾個弟子，由弟子再招弟子，自然地形成了一個教團，我們稱之為僧團，也就是佛教的開始。

教是教團，佛教稱為僧團，它本身不是一個組織體系，而是在共同信仰的原則下而結合在一起的。佛的教團包括四眾弟子，以出家人為中心，擁護教團、支持佛法的在家人為外團。在家人有二種：優婆塞（男信徒）、優婆夷（女信徒）。出家人有五類：沙彌、沙彌尼、式叉摩尼、比丘、比丘尼。因此，佛教可說是釋迦牟尼佛和他的群眾的結合。

## （三）佛與佛學

凡是一個宗教的教主或教士，甚或任一宗教的實踐者，其本身必定知道如何來實踐，如何達到修行的目的。佛陀並不希望信仰他的人，把他所說的話，當作學問來研究。因此，釋迦牟尼佛不談形而上學。有人問起佛學上的本體論是什麼，佛教不講本體論，如果要講的話，本體是「大我」，現象是「小我」。佛法講「無我」，所以不講本體是什麼，然從佛學的觀點研究佛教的名詞，例如佛性、如來藏、真如、法性等的名詞，也許可以滿足那些追問什麼是佛教哲學上的本體論者吧？

佛充滿宇宙之間，我們成了佛以後，便和宇宙一樣大，那不就是一個本體了嗎？我們本來是清淨的，本來是有佛性的，人人都可成佛，跟宇宙的本體一樣，這依然是本體論，對不對？其實，說佛法有本體，是對那些沒有進入佛法的人，或修行不深的人而說的，對這些人，一定要告訴他們，有一個目標可以去，有一個東西可以找。比如《法華經》內提到的長者以三車（羊車、牛車、鹿車）之好玩，誘導小孩出火宅。事實上，離開了火宅，還要車子做什麼？佛陀成佛之後，並不是什麼都沒有了，他的悲願和智慧還在，但它不是本體，因此，佛學不講本體論，如果要講本體論，這是方便說，不是實在的。釋迦牟尼佛並不希望任何人把他的話當作學問來研究。但釋迦牟尼佛成佛至今已有二千五百多年了，在這時間的過程中，經過很多的地方，很多人傳播發揚而加入其他的東西，如中國人把儒教、道教的東西加入佛教，印度後期的佛教也搬進了印度教的東西。這樣一來，就需要有人來加以分析、研究了。做學術研究的工作，即謂之佛學。

## （四）佛與學佛

在佛沒有出世以前，我們這個世界上沒有佛，佛陀降世並成道以後才有佛可學，學什麼？學佛的身、口、意三業的行為。釋迦牟尼佛成道後，說法四十多年，在這四十多年中，他用各種不同的方法、不同的角度對不同程度的人說法，而不同程度的人得到不同程度的意義，這是他說法的目的，因此，在佛教的立場來說，其宗旨或本意是在學佛而不在佛學。

佛，可以學。這是一切宗教裡唯一談到的，教主本身不以為他是獨一無二、空前絕後、超過一切的人。佛教不講神話，有些人學佛學得不得當，而造成傲慢的心理，認為只有他是至高無上的，這也不應該。釋迦牟尼佛成道以後，他覺得人人都應該走他那一條路，人人都可以走上他那一條路，人人都可能和他一樣，這就是釋迦牟尼佛要人們學習的地方。所以學佛不是學釋迦牟尼佛那個人，而是學他之所以能成佛的修行方法，和他那樣的人格標準，故稱「人成即佛成」。

## （五）歷史上的佛和宇宙間的佛

人類的歷史非常地短暫，文字記載中，曾經有佛的記載的，只有釋迦牟尼佛，釋迦牟尼佛以前，這個世界上沒有佛，釋迦牟尼佛以後到現在還沒有佛，在這個地球尚未毀滅以前，還會有佛出世嗎？不知道。

但是，從這點我們要討論到佛經裡所談到的幾個問題：凡是過去看過幾本佛書的人，大概都看過這些話：「三世諸佛」、「過去七佛」、「賢劫千佛」。

講「宇宙」兩個字，宇是上下四方，宙是古往今來，一個是空間，一個是時間。其實，以時間來說，過去也沒有，現在也沒有，未來也沒有；從空間上來說，乃無際無限，也不是有相的存在。可是印度哲學裡有「常論」及「斷論」，常是永恆的有，斷是無因無果，佛法不講常、斷，而是講中道，非常非斷，非空非有。我們自學佛修行到證悟以後，一切時間、空間諸佛都不存在，但沒有證悟之前，我們還是需要把前後因果的時間，因緣生存的空間標出來。

佛經裡說到，釋迦牟尼佛是過去七佛中的第七個佛，他以前有六尊佛，第一尊佛是出世在過去九十一劫以前，本劫之前的莊嚴劫中有三佛出世，現在的賢劫中，共有千佛出世，已出世的世尊是第四尊，彌勒將是第五尊，到釋迦世尊為止，通稱為過去七佛，他們的共同教誡是：「諸惡莫作，眾善奉行，自淨其意，是諸佛教。」

劫：分小劫、中劫、大劫的三等，此處是指的大劫。二十個小劫為一中劫，四個中劫為一大劫。大致上說，我們的娑婆世界的一次生滅，稱為一個大劫，這是指我們所處的大千世界。地球，只是這個娑婆世界中微不足道的一點微塵。

所以賢劫雖有千佛，以人類眾生極短的生命，要想遇佛出世，實在太難，因此應當慶幸我們得生於現在賢劫中，雖未親見佛面，但已遇到了佛法。

有人說我們生在「末法時期」，所以修道的少，而成道的沒有，我認為這是勉勵性的說法，目的在於勸人修道和成道，但對自信心不夠的人，也會產生反作用。這並不是佛所說的話有問題，而是我們這時代，應該相信，對於不信佛法不修行佛道的人雖是末法時代，只要有信佛學佛而修持「正法」，對他就不是末法時期。所謂的正法是：只要有人根據佛的戒律和八正道等方法來修行，就叫作正法律住世時期，而事實上，我們這時代尚有比丘、比丘尼，也有持五戒、菩薩戒的人，所以我們應該慶幸生在賢劫裡，有千佛可以親近。釋迦牟尼佛以後會有彌勒佛出世，時間約人間五十六億七千萬年以後，也許那個時候，這個世界已經不存在，但是諸位不要失望，三千大千世界中，地球是微不足道的一個星球，當我們的色身不存在的時候，我們的願力仍可使我們到達我們願去的任何與佛有緣的地方。

所謂釋迦牟尼佛有千百億化身，即是指化身於千百億個國土說法，請不要僅把這地球世界當成眾生活動的舞台中心。佛經裡說有很多他方世界，這很容易一想就想到西方阿彌陀佛願力所成的極樂世界，東方藥師佛願力成就的琉璃世界，其他還有很多世界，因此我們講歷史上的佛只有釋迦牟尼佛，過去七佛並不一定就在這個世界出現的，彌勒佛出世時，這個世界也不一定還存在，但，要想以後跟彌勒佛在一起不是不可能，只要發這個願，我們做共同的事可得共同的結果，由於共同的願望，而使我們到共同的地方去。

## （六）眾生都是佛和眾生皆成佛

王陽明先生說：「滿街都是聖人。」這句話是從佛學裡來的，釋迦牟尼佛成佛以後說：「奇哉！奇哉！大地眾生皆具如來智慧德相。」一切眾生心量與佛並無差別，為何眾生不是佛？乃因眾生有煩惱，煩惱去了，眾生就是佛。也許有人問：「本來都是佛，那麼我們現在為什麼都是眾生呢？」「人人都是佛」，這是從佛的眼光來看的，常言，以小人之心看人，大家都是小人；君子用真誠心待人，寧可受欺不願冤枉任何一個人，所以他看到的都是君子；聖人把所有的人當聖人，你現在不是聖人，終有一天，你可能成為聖人，聖人希望所有的人都成為聖人；佛相信每一個人都有成佛的可能，每一個眾生與他並無差別，在本質上都是一樣的，佛是站在眾生的立足點看眾生皆有成佛的可能而不是站在高成就上俯視芸芸的眾生，這是眾生都是「佛」的意義。

眾生皆成佛有更深一層的意義，所謂「放下屠刀，立地成佛」，可不可能呢？天台宗智者大師把佛分為六個等級：

1.理即佛：不管你相不相信佛法，不管你有沒有聽到過佛這個名字，你本身具有佛的本性，我們稱為佛性——成佛的可能性，不要說是放下屠刀，就是沒有放下時也是佛，所以不但是人，連螞蟻、蒼蠅等有情無情的一切眾生也都是佛。

2.名字即佛：聽到過「佛」這個名字，知道有「佛」這個名稱，也聽到有人說過「人皆可以成佛」，這種人是名字佛。

3.觀行即佛：參加過佛教修持活動的人，不管得效深淺，只知道有這麼一種修行的方法而嘗試著去做的，這種即稱為觀行佛。

4.相似即佛：已經修行到信心堅定不移的人。切實的信心，一定要從實際修行的體驗中得來，若能知道自己必將成佛和一定成佛，此為相似佛。

5.分證即佛：到此已是初地以上的聖位菩薩，地前能伏住無明而不能斷除無明，地上則無明分分斷滅，而佛性分分顯露。

6.究竟即佛：斷一分無明，證一分佛性，到無明斷盡了，就是究竟佛。

## （七）現實生活中的佛

以上所說的佛很不容易見到，釋迦牟尼佛以後，離彌勒佛出世還很久，但現實生活中有佛。滿街都是聖人，當然滿街都是佛，大家都是佛，沒有一人不是佛，沒有一物不是佛。一個人，不管他信佛不信佛，我們也把他當成一個佛，只要他說的話合乎佛法，他的話就是佛說的話。日常生活中，合乎「戒、定、慧」三無漏學的三個標準的人，便是現在的佛、活著的佛。人們如能一日修行一日是佛，一時修行一時是佛，一念修行一念是佛，若能念念不斷地與戒、定、慧相應，他便念念是佛了。戒、定、慧代表著佛的清淨的一切身心行為。

我們常說：佛有千百億化身，但我們不知道站在我們面前的任何人，乃至我們自己，有時就是佛的化身。不過也有人問：「我不信佛，我也是佛的化身嗎？」是的，佛以種種身分、種種行為來感化人或是逼迫人走上修行成佛的道路。人們進入佛門正式成為佛教徒的因緣，可有很多，正常的路途是受人鼓勵勸說而接觸到佛法。有的人環境太好，不愁吃、不愁穿，而且生來便有很聰明的頭腦和強健的身體，他們沒有想到這個社會上還有許多痛苦的問題，一旦當他受到了人或事物的打擊，讓他知道了社會上還有苦難、煩惱，並且感到自己的身心很不自在之時，便能促使他走上了學佛之路。所以佛的出現在面前，不一定示現具有三十二種大人相的佛相。

## 二、活菩薩

菩薩不是偶像，偶像只是佛教徒修行過程中使用的法物而已，它雖代表著佛與菩薩的莊嚴相，它的本身並不就是佛與菩薩。但是佛菩薩的偶像能讓我們供養禮拜，集中心念，表達虔誠懇切的信仰力。菩薩不是鬼神，只能短時間內和小範圍內顯靈異的是鬼，能在較長時期內及較大區域內顯現靈異的是多福大力的鬼，或者稱之為神。一般人不能分辨神佛的不同，也不知道鬼神與佛菩薩的差別。佛菩薩不會希求人們對他的祭祀和回報，只有無條件地為眾生解救苦難，鬼神則對人們貪求報酬、祭祀血食等，以顯示他們的威力和榮耀。

菩薩救濟眾生，可現種種身相，通常的顯示則和人一樣。所以菩薩和天仙也不同，求生天上的仙人，求長生不老，求肉身不壞，所謂羽化登仙。但是天上的仙人，也有他們一定的壽限，所以佛經中說，天人當有五種衰相現前時，即是天福享盡而要下墮之始。菩薩也和羅漢不同，羅漢是自求解脫生死煩惱，而達到不再受人間生死之苦的目的者，但菩薩是因自己有煩惱痛苦，進而想到了一切眾生也會有煩惱痛苦，結果，菩薩一心幫助眾生脫離苦難，忘了他自己的苦難，並以為救眾生而受一切苦難為理所當然。

菩薩現在家相的多，且十分莊嚴。不過，並不可說現在家相的人就是菩薩。真正發了菩薩心的人，需要有出離心與菩提心相應，即是厭離現實而不逃避，入世化眾而不貪戀世間五欲。他們雖是在家人，有其事業、家眷，但其賺錢是為了弘法，有眷屬是為了度眾生。很多人以為受了菩薩戒以後的人就是菩薩，其實，菩薩戒只是一個形式，只表示從此以後要遵循菩薩道，如不能依照菩薩戒的精神，具有菩薩的心地，便只是虛有菩薩之名，而無菩薩之實。

人皆可成佛，成佛之前先當成為菩薩，要成菩薩，須修菩薩道，誰行菩薩道而具菩薩心地的話，誰就是菩薩。菩薩不一定供在寺院裡，寺院裡供奉的乃是菩薩的聖像，菩薩精神與菩薩行的活動是在社會的眾生中，如果你存菩薩心、做菩薩事，你就是菩薩的化現。佛教講慈悲，慈悲即是淨化的愛心，是無限廣大的同情心，是不含有任何條件的愛心，便是菩薩心地。

菩薩行的推行，可依因緣的親疏厚薄而有先後與緩急之分，所以請諸位不要忘記你自己應存菩薩心、行菩薩道，首先對國家、父母、師長、兄弟姊妹、子女，而後乃至於對社會大眾及一切眾生都以菩薩的行為對待。

另有應該明白的一點，菩薩有「逆行」的法門。凡是打擊你、壓迫你、刺激你、欺負侮辱你的人，使你爬不起來的人，都可能是逆行的菩薩。不要認為刺激你的人是仇人，壓迫你的人是怨家。因為堅強的意志力，往往是從磨鍊中培養出來的，我們的體能、智能、心力、毅力均要靠艱苦的經驗來鍛鍊，不要因逆境的挫折而灰心喪志。

提婆達多生生世世與佛為敵，即是逆行菩薩的一例，故在釋迦成佛之後，於《法華經》中，為之授記，說提婆達多於未來世，必定成佛，又在《大方便佛報恩經》卷四也提到：「如來常以慈悲力，愍而哀傷，我以值遇提婆達多故，速得成佛；念其恩故，常垂慈愍。」所以菩薩看一切仇敵怨家，也都是活佛活菩薩。

不管各位信不信佛與菩薩，今天聽了這些話，若接受的話，便會在逆境之中微笑，在順境之時警惕。如果你能面對現實，接受順、逆兩種環境的考驗，遠大的前程，便在等待著你。最後祝福諸位身心愉快。

（一九七八年十一月三十日講於中原理工學院，盧城居士錄音）

# 下篇

# 修持方法

# 學佛與日常生活

曉雲法師、信定法師、諸位同學、諸位居士：

今天是我第三次到蓮華學佛園來，第一次是五年前，在座的同學和居士之中，可能有人聽過或見過面。第二次是一個月前諸位的結業典禮。今天要我來做學術演講，實在不敢當，學術二字，我是談不上。

學術演講，就是要講學術。兩個星期前，我在文化學院演講時，把學術分為四個層次：

（一）不學無術——一無可取的人。

（二）不學有術——我國古代稱之為術士，有方術的人，可為人治病、看相、算命、看風水等。

（三）有學有術——在古代稱之為方士。

（四）有學有術有道——在我國歷史上叫作道士，這一名稱的出現，相當早，《春秋繁露》中有「古之道士有言」之句。

我們出家人，人稱方外之士，我們自稱釋子、沙門，也可稱道士，這並不是道教人士的專稱，而是指有道之士。

今天在此地演講，應改為學術道演講才合適，因為有學有術，只是在方士的階段，在一般地方是可以的，而在學佛園應該加上一個道字，為學、術、道演講，但這就未免標新立異了。

我自問是不是有學、有術、有道？若說有，這是驕傲，是說大話。若說無，也不好，站在學術研究的立場，應該說有，我才能接受田教授的邀請。以一個學佛的人而言，還是說無才對。釋迦佛說法四十九年，他卻說他不曾說著一個字。像我們來說，知道的愈多，說得愈多，就是懂的佛法愈少。既然佛陀一個字都沒有說，我們又何必多說？迦葉尊者是禪宗的第一代祖師，但佛傳祖位的時候，卻沒有說一句話，只是拈花示眾，獨迦葉破顏微笑而已，這樣就算傳法了。有人問：「當時釋迦佛如果是拈根草，迦葉會不會破顏微笑？」我不知道，佛是一切智者，他一定知道，但也不能說出來，否則就不必拈花示眾。禪宗有很多語錄、公案、機鋒，都不可用常人的知見去分析，不要用常人的心態去理解。如果可以用常人的知見去衡量的話，就不是禪宗的公案了。以禪來講，知識愈豐富，對禪的障礙愈大，公案讀得愈多，理解愈多，離禪反而愈遠。公案要參究，不能解釋，參悟以後，也無法用語言文字和盤托出以示人，只能向比自己高或和自己相等的人，「比手畫腳」求印證，這叫作心心相印。

## 一、學佛

現在講學佛；學佛是道，佛學是學說。

各位聽講佛法已很多，知道的也一定很多。我想就自己的經驗，分幾個階段來講：各位如果問我知道多少？可以坦白地告訴諸位，當我沒有看完《大藏經》的時候，覺得知道的很多，尤其在二十幾歲時，甚至有個很幼稚的想法，感覺自己知道的，比佛經還要多；因為我有很多的想法，沒有看佛經前就有了，如是我以為佛經裡的知見，大概我都有了。後來有一個階段，不敢看佛經，為什麼？就怕自己發現的答案，再在佛經看見，就像孫悟空發現再翻也翻不出如來佛的手掌心一樣。自以為聰明的同學，恐怕都有這個毛病，後來我才明白，知道的再多，也無法超出佛法的範疇。第三個階段是拚命看佛經，所以才到山裡閉關，覺得自己太渺小了。後來把三藏教典看多了。告訴諸位，律部我看了三遍，阿含部看了二遍，大乘經論只看大半，現在若問我懂多少？可說什麼也不知道，也不懂得佛法。有一個時期，心裡很混亂，頭腦一塌糊塗，覺得自己知道的太多了。各位知道，從前有個外道，感到自己知道的太多了，怕把肚皮脹破，特地用銅條把肚子箍起來，這個經驗我似乎也有了。佛法浩如煙海，太深，看完了望洋興嘆。每看完一部經，逢人便講，但道行比我高的一聽，就知道我說的是什麼，後來看多了，反而沒話講，不知講些什麼。引經據典是鑽牛角尖的工夫，這叫循章摘句，謂之說食數寶，謂之千古文章一大抄，目前一般文章，學術味道太濃厚，而抄的成分太多，消化的少。假如希望人家理解佛法、佛學，也要先自己充分理解以後，再告訴人家，蓮池大師說：「人不要出頭太早。」要想文章洗鍊，必須多體驗。經典不是教人用來當學術研究的，而是教我們修行，有多少行持，才能對經典理解多少，有了修行的體驗，才能理解佛經裡每句話的真義。中文的佛經從梵文譯成中文時，都是由有修行的三藏法師來主持，現在的人對佛學有研究而無修持，理解出來的東西自不會很好，只能從字面上翻給外國人看，無法充實佛教慧命，總有一層隔膜。所以學佛需要體驗。

## 第一，學佛要有出離心

學佛有幾個基本原則，不能盲目地學，今天聽人說密宗很好，修來可即身成佛，就趕快修密，找金剛上師灌頂加持，以為幾天一學，就能如何如何。告訴諸位，學密要有真方便，現在不談。人家說禪好，現在在西洋、在日本，學禪風氣非常強烈，而我們從中國大陸來臺後，禪的風氣已沒有了，找個禪堂很不容易，現在臺灣寺院有禪堂的，有陽明山的永明寺，聽說有個古岩寺也有禪堂，禪可吸引人，因此大家來學禪。但有些人，禪和道分不清楚，禪和瑜伽也分不清楚，禪和靜坐也分不清楚，掛羊頭賣狗肉的人很多。我在美國教禪的時候，我的老師仁俊法師說：「我也打坐，但反對你教禪。」我說為什麼？他說禪是真常、是唯心的。我說不管它是什麼，我教的雖叫禪，事實是修行方法，為什麼一定是唯心、是真常？我教的是空、是般若，後來他聽了幾次，覺得不錯，他說我講的禪和空也能相應，和般若也能相應。我說：「禪本來就是空、是般若。」曉雲法師教的是般若禪，我雖沒聽曉雲法師講禪，但看過他的文章。學禪要跟真正有禪體驗的人才能學。有人聽念佛很好而念佛。學密而後學禪而後又念佛，結果一樣也學不成。

我剛才講過，知見、知識愈多的人，愈難得到修行的效用。所以修行要一門深入，不要三心二意，見異思遷，看他人學得好而盲目跟從。修行更不能有患得患失的心，要有明師指點。我自己是不是明師？我不知道，明的人在我面前，我就是明師，暗的人在我面前，我就是暗師，這要靠緣，有的人說某人本事大，我來試試看，這是試不得的。因此過去大德在參師訪道時，在某一大德座下一段時間後，這位師父告訴他，你的因緣不在此，可到某大德那兒去，去了一下，那位大德又講，你的緣不在我這裡，再回去吧！回來以後，這一下因緣成熟了。如果不出去一趟，光在一個師父座下，永遠不行。有的人一出去就不回來。這些都是要靠緣。現在有好些師父，唯恐弟子跑了，這是不對的。《華嚴經》裡的善財童子五十三參，沒有哪位大善知識看到善財童子不歡善，均有得天下英才而教育之一樂也之感！若刻意留住不放，有這種心，就不夠資格稱大善知識了。心量要大，心量愈大，來學的弟子愈多。

我講的出離心，就是不執著，不要貪，無貪以後就沒有瞋，無瞋無貪，就沒有愚癡。愚癡就是不知道，為什麼要貪、要執著，沒有智慧所以有貪、有瞋。有些人一講出離心，就說是逃避現實，是厭世主義。逃避，逃到哪裡去？煩惱是跟著自己跑的，我們講出離是心出離，離五欲，欲是欲界眾生的大患，離欲才能修道，凡有所貪求皆為欲，討厭也是欲。諸位！八風知道嗎？五欲跟八風是連在一起的，佛經裡正規的講法是欲，不離欲不能修定。離欲一定先要持戒，持戒才能離欲，因為戒有防非止惡的功能，持戒就是把自己防衛起來，如同用碉堡、用防線圍起來一樣，把自己約束在一個範圍以內，不讓外界的誘惑引起我們犯罪，因為我們這世界的引誘太多太多。

我告訴諸位，我在日本還沒有得到學位以前，那時正好臺灣和日本邦交斷了，人心惶惶，國內情形不知怎樣，當時正是尼克森訪問大陸的時候，蔣總統有著處變不驚、莊敬自強的昭示。也有很多外國朋友，很同情我們臺灣人，稱我國是國際的孤兒，見我已變成孤兒的孤兒了，有人打電話給我，有人寫信給我，都是日本很好的朋友。我有一位教授，非常好，他就曾跟我講，他說：「你啊不要回國囉！就留在日本吧！」我說：「留在日本做什麼呢？」他說：「現在我告訴你，像你這樣的程度以及人品，要你的人很多。」我說：「哪個學校要我啊？」他說：「現在的無人寺很多。」也有叫「空寺」的，什麼叫無人寺或空寺呢？就是說住持死了，沒有住持的廟，需要個住持。日本寺院，若是住持死了，沒有兒子繼承住持職務，他的太太、女兒就要遷離，由他的總本山派人去接收。假如說這個住持死了，而他有一個很漂亮的女兒，或者是有很多的財產，那麼就可以找個人，要找和尚哦！普通人不要。找個和尚做什麼？去入贅，去做贅婿。我那教授是什麼意思？不用再講了，他說：「我那朋友已關照了我好久，現在我也照顧著他的未亡人，請你能成全他們，他們也成全了你。」我跟他笑了笑，不好講，罵他一頓也不好，只能搖搖頭，他說：「我把你帶到那邊去看一看好不好？」我說：「我沒有時間。」他還是沒有了解我的意思，有一天他把人帶到我那裡去了，來看我啦！同來的有一個中年婦人，帶著一個二十幾歲的小姐。我一看這苗頭不對啊！是什麼意思呢？後來沒有談什麼話，我請他們喝了茶，坐了會兒他們就走了。晚上我那教授打電話給我：

「噯！怎麼樣啊！今天你看了，滿意不滿意啊？」像這種，這是誘惑，後來我就把師父給我的二句話，在電話裡報告我的教授，我說我來日本求學時，我的師父給我二句話：「願汝為大宗教家，切勿為宗教學者。」他是希望我成為大宗教家，不要成為宗教的學者。我說我來日本的目的不是為自己，自己的生活問題，自己的處境問題，不是問題，我是來學法的；至於說日本佛教的制度，這是日本的制度，我還是我。我還告訴他：「日本沒有一個比丘，我是個受了比丘戒的比丘，請教授能夠原諒我。你如果理解中國的比丘，對女色有多大的警惕，你就會知道。」後來他非常地抱歉，那麼在日本這只是個例子，在我們這世界上，引誘太多，我們學佛如果不能有出離心，那是個嚴重的問題。現在下面我講「心出離」。

出離心已經懂了，現在把它倒過來，「心出離」，這話可能有人誤解，很多喊口號的人，利用它做為遁詞，告訴人家：「你不要以為我有家有室，兒女成群，我也是過著與出家人同樣的生活，出家人不一定同我一樣有這樣清淨哦！我雖然和太太睡在一起，好多年不動心哦！」心不動身體還在動，有沒有這樣的事情？告訴諸位，這種人很少，這種人太少了，大多都自己欺騙自己。

但是反過來說，講出離，就是離開人間了對不對？不離開人間！我們有一句話，修道是要靠眾威加持，在我們寺院裡常常有二句話：「寧可在大廟裡睡覺，不在小廟裡辦道。」什麼原因？在大廟裡依眾、靠眾、隨眾，你不修行也要修行，再懶的人在團體裡面，人家上了殿，你不能不上殿，人家在念經，你嘴巴不動，耳朵也在聽，人家在拜，你也不得不拜，所以在團體裡面修行，要比一個人修行好，是助道，有道侶、道伴。一個人修行呢？你們可要問我了，法師！你不是一個人在山中住了六年嗎？既然說不在小廟修道，你為什麼一個人在山裡面？一個人的修行哪，要有了基礎以後，一個人可以修行，懂得方法以後，一個人可以修行，最少在知見上要有很正確的基礎，才可以一個人修行。有很多人閉關，不一定成功；所謂「成功」怎麼講，閉關出來以後，有很多書跟著一起出來，這算不算是成功啊？有的人閉了生死關，沒有一個人知道有這麼一個人用過功，那麼這兩種人，究竟哪一個是真正修行的人？告訴諸位，如果善於用功的，兩位都是修行者，如果不善於用功的，二者都不是修行人；所謂善與不善主要在心，要在我們這心能夠離欲，能夠出離。

在關房裡邊沽名釣譽，就怕人不知道我在閉關，就拚命地寫信，拚命地發消息，大家知道了我在閉關，大家來看我、供養我，那麼這種是為自己。但是這心很難講是為己或為人，如果完全是以悲心，我自己用功，寫書也好，做什麼也好，講經也好，都不是為名利，而是為了悲願心。不為己就是出離心，為己就是執著心，就是染著心、貪著心。假如我們能自己問一問：我們學佛，我們弘法，我們修行是為什麼？是為了將來成大法師，為了成為高僧嗎？

最近有人說：聖嚴法師啊！你還沒有到高僧的程度，你已是名僧哪，再上一步就變成高僧。對我來講，究竟哪一種好，我覺得名譽高，不是重要的事情，實至名歸，有名也沒有關係，假如說什麼人也不知道，我默默做了很多事情，也沒有關係。人家認為我是個高僧，這點我要告訴諸位，我們常常看到某某地方做大法會，有五十位高僧在念經、做法會，這是大法會，跑了去看看是哪些位高僧？一看是佛學院的學生，五十位佛學院的學生，幾位佛學院的老師，像這樣子你們說是不是高僧？可以說是高僧，為什麼？什麼叫作高？什麼叫作名？有名的人不一定高，高僧不一定有名，所謂高僧是有出離心的，完全是為悲心與菩提心來度眾生，來做佛事，這個就是高。如果名氣很大，他沒有出離心，一切為自己，沽名釣譽，這個叫名僧，佛學院的同學們念經，絕對不會說我這次念經，報紙上都會見到我的名字，沒有這種心，對不對？所以他們是高僧，至少他們在這種場合是高僧。有些人跑了去，輪他站在中間，紅祖衣，黃海青，珠子擺得很長，一直拖到尾脊，新聞記者劈哩啪啦地專門把鏡頭對著他。他還沒站好的時候，記者鏡頭若對著他，他會說慢慢照；等一下，我還沒站好。像這種人，在外表看起來像高僧，對不對？其實他這個念頭是名僧，這個是不是出離心？不是出離心，我們沒有意思要罵人，批評他，我們的心如果是出離的話，這出離心叫發心，發一念心。你們的導師曉雲法師他是天台宗，講一念心，這一念心是什麼心？諸位以為是清淨心，我告訴諸位，「是妄心」，天台宗叫妄心觀，妄心就是一念三千的妄心，與真心是相應的。

永明延壽禪師說：「一念相應一念佛，念念相應念念佛。」這個一念相應一念佛，念念相應念念佛，是什麼念？是出離心，學佛要有出離心。

## 第二，學佛要有慈悲心

我們每天都喊慈悲慈悲，都是叫人家慈悲我，沒有叫我自己慈悲人。「我很可憐哪！你慈悲慈悲我。」我從美國回來以後，在我們文化館，門雖設而常關。可是也有人，把門鈴一按，拿封信，很長很長，做什麼的？他說：「你們這是慈善機關，要請你們發大慈悲心，救濟我，我家裡一家幾口，在生死邊緣，要請你們救濟救濟。」你出去看一看，他滿嘴的酒氣，他剛剛喝飽了酒來的，像這種人，我想哪裡都有這種人，那麼這種慈悲，要不要慈悲？也要慈悲是不是啊！禪宗有句話，「方便」就是慈悲。現在方便是下流，把慈悲也就解釋成為下流了，這「方便」，本來是一句很好聽的話，是說以方法去便利人求佛道，這是慈悲，可是現在把方便變成隨便，方便不是隨便，方便一過了頭就是隨便，一隨便就馬馬虎虎，這樣子一定教不出好的人來。可是呢，棒下出孝子，有沒有這句話？禪堂裡叫「香板頭上出祖師」，你們哪一個挨過香板啦！有幾個人挨過香板啦！我上次到你們禪堂裡去看，看到香板很厚，那麼，這挨打是好事情，馬馬虎虎出不了好事情。

所以慈悲二個字，不是姑息，慈悲不是隨便，慈悲是要以智慧來指導你，用恰到好處的方法，幫助眾生離苦得樂，這個是慈悲的精神。所以有人問我，他說觀音菩薩很奇怪，千手千眼的觀音，有的手上拿著刀、槍、輪、戟、繩子等很多很多的兵器。還有金剛，都是威武得很，都是面目可憎的樣子。他覺得奇怪，你們佛教講慈悲，為什麼有這樣的現象？他說今天有原子彈，你應該把原子彈裝到觀音菩薩手上去啊！是不是？諸位！我們將來塑像，塑千手千眼觀世音菩薩，是不是也把原子彈、大砲、飛機塑到觀音菩薩的手上去啊！假如有必要的話，可以的。為什麼？那個是象徵，象徵著菩薩的精神，千手千眼裡頭，也有花、燈、珍珠、藥草，這些都有，就是菩薩化度眾生的時候，以不同的身分，以不同的方法來教化眾生，慈悲是要講究方法的，不是隨便做濫好人，你們看到人，說這個人是好人，好到什麼程度，好到了沒有是非的程度，這種是不是好人？給他一種紅的顏色，他說好，藍的也說好，紅、黃、藍、白、黑通通好，你說強盜好不好？想一想，盜亦有道也好，是不是？對，樣樣都好，就怕得罪人，在儒家講，叫鄉愿，鄉愿是什麼？鄉愿，德之賊，這是濫好人，不是慈悲。所以，我們在佛經裡面看到，大菩薩們現種種身，在我們高僧傳裡面，祖師們都是非常雄偉的，菩薩、金剛，這些都是佛度世的方便，都是慈悲。因此，我講到戒的時候，戒有開、遮、持、犯，主要講的是方法，持戒也有方法，也有方便，不是說一概而論。

## 第三，學佛要有菩提心

即學佛的菩提心。我們前天因為文化館來了很多的人，結果很多的菜剩下來，吃不完，剩下我們幾個人在吃，那我就請他們幫幫忙、發發心把它吃掉。發心這句話，我想了想，不對，發心？發心吃菜？這個發，發是生長的意思，一粒黃豆或一粒穀子往水裡一泡，它就長大了，就是發了，發了以後怎麼樣？它的芽出來了，發生，一發它就會生，對不對？發菩提心生菩提心，發心，這發心叫人吃菜，不是辦法，這些菜吃完，心就沒有了。應該就是說，發心，發菩提心，菩提心本來就有。弘一大師要去青島的湛山寺以前，他做了一個夢，他把蓮子一把一把地撒下去，撒下去做什麼？種菩提種子。人家講，我到某某地方說佛法了，那個地方是從來沒有佛法到過的地方，是邊地，這次我去為那邊的人種下菩提的種子，這個話聽起來好像是對的，其實對不對？諸位，種菩提種，他們本來沒有菩提種，結果把它種了下去，然後他們有了，本來那是個荒地，撒了種子下去，就長起來了，是不是這個樣子？可以通的，對的。但再深一層講，有毛病，這是層次的問題。我們分為二個層次來講：第一個層次，在普通來講，從沒有聽聞佛法的人，我們撒了菩提種子是對的；但是，再深一層講，一切眾生通通有菩提心，通通有佛性，而只是沒有發，我去撒甘露水，這甘露水撒在什麼上面？撒在菩提種子上面，因此菩提的種子發芽，應該這樣講比較好一點。所以，我們先要自己發菩提心，很要緊，菩提心本來就有的，每一個人都有，人人都有，本來就有，《涅槃經》裡如此講，《華嚴經》也是如此講，本來就有菩提心，這是始覺、本覺，菩提本無樹，那麼種子哪裡來呢？這個是禪的問題，我們現在不談。

發心，發菩提心，我們如果在一切情形之下、環境之下，我們不要忘掉了「菩提心」三個字，我們就能保持我們的安全。人只要有自信心，無事不成，喪失了自信心的話，你便一事無成。所以要建立對佛法的信心，修行的信心健全的話，一定要先把菩提心發出來，肯定自己有菩提心，菩提心是清淨的覺心。自己知道，並肯定自己有菩提心的話，你就很安全了，在菩提道上一直走下去，很平坦。這是說，有人雖是國王的兒子，當他還沒有知道自己是國王的兒子以前，他跟普通的人一樣，無所謂；有一天知道自己是國王的兒子以後，他就覺得跟人家不相同，自己應該像一個國王的兒子，像一個王子。當我沒有得到學位以前，我是普通人，得到學位以後呢？我覺得還是個普通人。人家就講了，嗳！你的責任大了，我說對啊！得到學位做什麼的，一張紙沒有用，但是責任加重，我得的是責任感，榮譽不稀奇。

一張紙毫無用處，而是責任感。有了菩提心，發了菩提心而責任感加重。學佛心要勇猛，蕅益大師常常跟人講：「我一生毫無長處，唯一的長處是我沒有離開菩提心。」他時時刻刻沒有忘記菩提心，也勸人發菩提心，菩提心是我們生活之中的防腐劑，能防止我們生活腐化，能防止我們走入歧途，堅定我們對佛法的信心，健全我們修行的生活。

## 二、日常生活

以上講的是學佛，以下講日常生活——第一是平常生活，第二是修行人每日的修行生活。

（一）平常生活，就是平常人的生活。就平常人的生活來講，我們先要做個平常人，從平常人做起，而後做到不平常，做到不平常以後，再又回到平常。這不是賣關子，在我們初初進入佛門修行佛法的時候，先要把自己的生活導入常人的軌道，過通常人的生活。這在佛經中分為二類，一類是人與倫理生活，也就是社會生活，在《六方禮經》中講，有個善生童子，也名善生長者，或善生。長者之意，非年紀大的人，長者是有德之人，年輕有德也可稱之為長者，長者和童子是相對的，無欲為童子，文殊師利是法王子，事實是童子。《六方禮經》是講，父母對子女，子女對父母，主對僕，夫對妻，妻對夫，國王與大臣，也就是我們中國的倫理綱常，就是五倫。君臣、父子、夫婦、兄弟、朋友，倫理生活就是各盡其分，各盡其責，以上是平常人的生活。

反對出家的人認為不孝有三，無後為大；身體髮膚，受之父母，不敢毀傷等等。因為出家人，又要燒疤、燃頂（燃頂從明末才有，明朝前沒有的，現在有人畫玄奘三藏像，頭頂也點十二個點，是沒有歷史根據的），又要離開社會，所以罵出家人是不忠、不孝、不義。實際則不，世尊不但沒有忘記父母，更沒有忘記他的國家，他把佛法教給和他有關係的人，後來他的國家被人滅亡，他也遭受滅族的慘痛，他明知不可為而還是要去救護。今天我還想到這個故事，我對自己說，我要愛國，也護佛教，出家人也要對國家民族盡心。在人與人之間，要努力去求盡自己的責任和義務，一切不為自己，這是菩薩道的基礎，一切都為眾生。度眾生，要先從與自己有關係的人度起，不能度家裡的人，責任在自己，第一，要檢點自己，是否盡到了責任。第二，要看緣，有緣很快就能使人信佛。釋迦佛生生世世有個提婆達多和他搗蛋。佛不能度無緣的人，不能度的人，就要把他當菩薩看。家裡有人不信佛，不要認為是生在魔鬼之家而想逃避，愈是有這樣家庭的環境，愈要視為火中紅蓮，愈要八風不動，愈要對他們好，愈要努力盡到自己的責任。直到死為止，你雖無法度他，他卻成就了你的道業，家裡如果出現了狠丈夫、兇太太，若自己是菩薩，他更是大菩薩。這是就佛法來講，先做平常人。

（二）修行生活，離不開戒律。有祖師把戒律濃縮編輯起來叫《毘尼日用》，吃飯應怎樣，漱口應怎樣，起居應怎樣，理髮應怎樣，……都有一定威儀，「三千威儀，八萬細行」，貫徹了三千威儀，八萬細行。另有一部《禪門日誦》，一般人說，禪宗不立文字，不立文字非不要經典，禪只是不著文字，不入任何形象、現象，任何形象、現象均可捉摸，不立文字就是不立現象，心裡一切形象、現象都沒有了就叫收心，不是眼睛在看，是心在妄動。《禪門日誦》是規定每天早上起來，一直到睡覺以前的五堂功課，乃是藉著念誦，幫助我們收心，指導我們修定。還有《百丈清規》、《禪苑清規》——都是禪的生活軌範。像曉雲法師不同於眾——威儀、風貌就能感動人，他講話的姿態能使人敬仰，走路很輕，從不慌張，見到人總是那樣和藹，使人如沐春風。他是藝術家，居所如入畫境。

日常生活就是從平凡中體驗真實的存在，其實是假的，一切如夢如幻，在沒解脫以前，假的也要當真的做。業力是不假的，願力是很偉大的，我們要轉變自己的業力，以我們的願力把我們的生活改變為純佛教化的生活——做三寶弟子。學佛要從平常生活中著手，願心要擺到發無上佛道上去，難得好因緣，大家聚在一起，沾大家的福氣，願大家光明。

（一九七八年三月二十五日講於蓮華學佛園，盧城居士錄音，劉國香居士整理）

# 佛教的修行方法

## 一、前言

非常謝謝貴紀念堂理事長吳俠民先生，昨天、今天一再給我介紹。我非常感謝有此機會到多倫多來為僑胞們講佛法，同時也覺得非常難得地有《醒華日報》的總編輯簡許邦先生擔任翻譯。今天星期一，所以聽眾沒有昨天多，請各位盡量坐向前排，把你們和我的距離拉近些，因為佛教徒向法師們請教和學習，稱為親近善知識，意思是親切地接近被你們尊敬的人。

## 二、修行的意義

今天的講題是「佛教的修行方法」。很多人認為修行是出家人到山裡去，或是關起門來在寺院裡才能修行。事實上修行二字固為佛教名詞，但在每個人日常生活裡也都用得到。修就是修理、修正或修持。我們房子壞了、破了要修理，家具破了、壞了要修理，同樣地，我們的生理行為或心理行為如果不常檢點的話，我們也會漸漸變成壞人。中國的曾子所講的「吾日三省吾身」，就是說我們應該每天檢討自己的行為。每天若都這樣反省的話，縱有錯誤，也容易隨時改正。至於「修持」，是修正、修理而且要持之以恆，日日時時，乃至每一秒鐘都要修行。有些人做了錯事，當天或能覺察，且有悔意，到了第二天又會再錯，他沒有勇氣和決心把自己改正過來，那便不是修行。修行則一定要在發覺自己有錯誤之後，加以修正、修理，並且應該切切實實地照修正過的行為繼續努力下去。所以我們說修行要反省自己：不該做的事不再做，該做而尚未做的事，應該就開始去做。

## 三、修行的器量

從佛教立場講修行，有大器和小器之分，也就是大修行和小修行之分。中國的孟子曾說：「窮則獨善其身，達則兼善天下。」以人的立場看，如果能獨善其身地修行，已經不錯，真正能達到這種程度，並不容易，可是在我們佛教來說，這尚是小乘。所謂小乘是對大乘而言，大乘不但自己要修行，而且要兼善天下，幫助所有的人都能修行。譬如說：我們現代的交通工具有很多種類，從腳踏車一直到飛機，從水陸到空中，有大有小。但腳踏車只能載一人，而且走得很慢，坐火車則快些又可以載很多人，有時還必須乘輪船或飛機。所以大乘和小乘，事實上就是說自修自度的人，是乘用小的、慢的交通工具，自度度他的人，是乘用大的、快的工具。能自度已不容易，自度度他當然更不容易。譬如說：自度不了而度他者，就像不會游泳的人，看見有人掉下水喊救命，便跳下水中去救人，結果救不了人，反而自己也淹死在水裡。因此要做大乘也好，做小乘也好，最基本的原則是切實地修行。修小乘也得先學修行小乘的方法，好像買不起飛機的人，至少先要有錢買輛腳踏車。不論小乘或大乘，修行是第一。

## 四、修行的層次

我們在一剎那間就做大乘菩薩，是辦得到的，不過，大乘並非與小乘對立，大乘之中必包含了小乘，同時也包含了凡夫的人及天，所以大乘的本身共有五個層次：1.人，2.天，3.聲聞，4.獨覺，5.菩薩。修行是一步步上去的，大乘不是比小乘顯得高超，乃在於發心的偉大，他們修行是為了度眾生，而非僅為自己求解脫。世界上有很多宗教家、思想家，都是站在自己的立場而專門批評其他宗教或其他思想是害人害世的魔鬼邪說，佛教則不必反對任何宗教及思想。在佛教的立場看，一切方法只要是在道德行為上有用的，都是好的，不過是有深淺高低的不同而已。昨日有位李先生，對我說他信道教，也信佛教，他認為佛、道是相同的，問我可否同時修行？佛和道的基本立足點應該是相同的，但在修行的方法上及最終目標的證果上是不同的。雖然是同一立足點，由於方法不同，出發後的力量不同，得到的結果也就不同了。從同為一個勸善行善、造福人群的立足點上，佛教可以承認一切的宗教家、哲學家、政治家、軍事家、科學家，乃至一切行業的一切好人，都是佛法的一部分，因為佛教承認他們各有其本身的價值，可是他們所用的方法，因對象不同，程度不同，結果也不同。大乘佛教的特點，是教你先發廣大心，發心之後，你仍得根據你的程度來修行。你要先認清哪一樣方法適合你的興趣和性格，或者哪一樣是你所能接受吸收的。那麼，那一方法對你就是好的，不論高低，都是大乘法門。

現在，我們把五個層次的修行階段，一一講解下去。

## （一）人

我們不可好高騖遠，也不可小看自己，因為各人都有他們現在的立場和現在的程度。諸位曾否聽過「放下屠刀，立地成佛」這句話？你們信不信一個殺了很多人或牲畜的人，把刀一放，就可以成佛？假如真有這樣的事情，佛教便不值得信仰，佛也不足尊敬了。不過，這句話的確沒有講錯，因為「立地成佛」的意思，是指如果能夠把屠刀放下，不再殺生，從此即能開始一步一步地接近於佛，一點一點成功為佛。

還有一句話，「苦海無邊，回頭是岸」。意思是說，我們向海中一直游出去；或者在海中浮沉漂流下去，是上不了岸的，只有當我們希望登岸而掉過頭來時，就朝著岸的方向了，掉過頭來雖非立即登岸，但已面對著岸並且向岸接近，那是不容置疑的事。因此，我們發心要成佛，必須先從我們現在的立場和程度做起。我們是人，成佛就必得從人的本位開始，如果人尚不能做好，成佛自是不可能的。

## （二）天

「天」是指各國家、各民族、各時代的一切宗教所信仰的對象及所嚮往的境界。宗教殊少不求升天，中國道教所謂「白日飛升」、「長生不老」、「羽化登仙」，都是要升上天去，西方的猶太教、天主教、基督教等，也都要求升天。但假如連人還沒能做好，能不能升天呢？的確，有的宗教認為只要信仰神，並且有幸被神選中的話，縱使做再多壞事，也能蒙神赦免而得救升天，這種說法，是不合乎邏輯的，應該說成：你做好了人，再信仰神，就有升天的可能。很多人都說佛教是主張出世的，其實佛教更重視入世，如果沒有入世的基本道德的訓練，便不可能出世。很多人看到我做了和尚，而問我：「喂！和尚，如果人人都做了和尚，人類豈不會在這世界上消滅了？」遇到這種場合，通常我會反問他：「這世界上有幾個像我這樣出家的人？」因為不是每一個人都可能出家和適合出家的。佛教固然願度盡一切眾生，離苦得樂，解脫生死，而事實上並不能使得所有的世人都出家。所以佛教認為先有好的在家人，才會產生好的出家人。如果做父母不盡父母的責任，做兒女不盡孝道，做師長不盡師道，做朋友不盡友道，這種人成為佛教徒的資格是有問題的，出家更有問題。唯有能完成做人的基本要求，才能進一步考慮是否適合出家修行，因此，做人既是生天的基本條件，也是成佛的基本大因素。

## （三）聲聞

「聲聞」，是出世的，是把人做好了，做完美了之後，走上出世之路。但出世並不一定要出家，因此在聲聞裡有四個不同的階段，我們稱為：初果須陀洹（七返生死），二果斯陀含（一返生死），三果阿那含（不還生死），四果阿羅漢（解脫生死）。從第一果到第三果，在家人都可以達到，第四果在家人也可以到，但到了那階段，自然而然會擺脫世俗一切名利權勢等欲望而出家去，此時，一切煩惱以及貪欲心、瞋恨心、不明是非之心都斷了，便真正做到了出世，也就是對於世間的物欲——財產、眷屬，乃至自己的身命，均已沒有了我及我所有的繫縛心，這時才真正到了阿羅漢的境界。所謂解脫的意義，是不受任何思想及物質行為的影響，生活在身心自在、生死一如的境界中。所以請不必擔心著說：「如有一天人人都到了第四果，世界上就沒有人了。」我告訴你們：假如我們人人都是無煩無惱、無有苦痛的阿羅漢，豈不好嗎？但是這一天的出現並不容易。

## （四）獨覺

「獨覺」，事實上獨覺和聲聞是一樣的意義，但由於修行入門的不同而異其名。聲聞是聽到佛說法、僧說法或從經典中看到脫離生死的方法而修行證果的。獨覺則是在沒有佛教的時代，沒有佛經可看的時代，也沒有什麼人說佛法的時代，從自然界某種現象的啟發，得到佛法的真理及開悟解脫的。這兩種都叫作出世間道，也叫作出世的佛教。對一般人來說，實在是並不容易的事。

## （五）菩薩

「菩薩」，菩薩是最偉大、最崇高的，但也是最平易的，因為從普通人一開始相信佛教，就願意照著佛教所說的成佛方法去做，這便是初發心的菩薩。所以成菩薩要比成羅漢容易。不過，菩薩分成五十二階段，從最初一層到最高一層——佛的階段，要經過五十二個層次。初開始，我們要做個好人，希望人家也成為好人，不管你是否真有力量幫助他人得到幸福，只要你心裡確是如此希望，這種心就是菩薩心了。

現在請問諸位：比如這座房子發生火警了，外面警鈴在響，到處是煙，此時你怎麼想？我想，最初的反應，是想自己如何逃出去，這種只是關心自己安危而不顧他人的人，是不能稱為菩薩的。如果有人首先考慮到，如何使得老弱婦孺離開火宅，而把自己的安危置之度外，這人就是菩薩心腸了。地藏菩薩曾說：「地獄不空，誓不成佛。」又說：「我不入地獄，誰入地獄。」他的最大志願是到地獄去救人，而不在於自己成不成佛。這一點很重要，最初信佛的人，希望成佛是必要的，當你信佛修行有了相當基礎之時，就要教你把成佛的念頭擱在一邊了，因為，希望成佛的念頭雖好，仍是一個「有我」的妄想，所以你如希望自己成佛，你將永遠不能成佛。有我的觀念，即是自私心，有自私心而能成佛，那就豈有此理了！菩薩先要試著忘了自己，專為他人，接著雖然終日為救他人而工作，卻把能救的自我、被救的對象，以及用以救人的智慧及事物，也全部忘了，那才真是菩薩。

## 五、修行的方法

對修行者而言，一位高明的師父是不可缺少的，他可使你少走許多冤枉路，更不致走錯了路。在修行的準備工夫而言，節制五欲，是很重要的。這是由於五官的媒介而產生的種種不好的心理活動。這些由五官反應而生的種種是修行的障礙。所謂五官的反應，是指眼所見、耳所聽、舌所嘗、鼻所聞，以及身體所觸，而使心裡產生了喜怒哀樂種種情緒，這就叫作五欲。因此，修行的人，對日常物質上的生活要淡泊，不可被聲、色等五欲所迷亂，然後才能講到主要的修行方法。

大乘菩薩的主要修行方法，叫作六度。六度是用六種方法由有生死有煩惱的凡夫這一邊，到無生死無煩惱的那一邊去。也就是從生死的苦海到達涅槃；從煩惱的凡夫轉成菩提。就如乘坐一艘具有六種器具設備的船，航向對岸成佛的路上去，這就叫六度。

## （一）布施

六度第一是「布施」，布施是最容易的方法，通常說，有錢出錢，有力出力，無錢也無力的人怎麼辦呢？那你從旁用嘴說兩句好話好了，啞子呢？那就只要心想這是好事，我若有能力一定去做，人家做好事，我也滿心歡喜。可是如果有人，不出錢、出力，專門叫人去做好事、幫忙人，是否也算得是布施？事實上他勸人為善的行為，即是出力的布施。世界上行善布施的人，並不全是富翁，甚至所謂同病才能相憐，自己有痛苦有困難，覺得需要人家幫助，因此見到別人有痛苦困難，便也希望有人去幫助。有人厭惡不肯出錢做善事、布施的富人，而稱之為「為富不仁」。其實富人的錢，如果不是橫財，原是由於捨不得用錢，把一個錢一個錢省下來，積聚而成富人；如果把錢全用了出去，他就成不了富翁。所以我們應該勸富人布施，但不可挖苦他。

布施有二個對象：一是布施貧窮的人，即是幫助需要救濟的人；另一是布施宗教團體，即是佛教說的佛、法、僧三寶。

我在紐約曾對學生說：「你們要多多布施給三寶。」有一個學生嘻嘻笑起來，我說：「你笑，是不是因為我是三寶中的出家人，我要你們布施，要你們不可貪心，結果把錢都給了我？」他說：「是的。」諸位有沒有想到為什麼要布施三寶？佛教說布施三寶比布施窮人功德來得大。我們用錢救助人，是希望以一個錢救十個人，還是希望一個錢救不了一個人？布施給三寶，三寶所做的事是，幫助所有需要救濟的人得到佛法。因為人類的真正痛苦，不在於缺少物質。佛教的重點是幫助人們在心理上解決痛苦、解決煩惱，這是徹底解決痛苦的方法。布施給三寶，三寶可以幫助更多的人解決重大的問題，所以布施三寶比布施窮人的功德來得大。也有人說，出家人不做生意，也沒有錢布施給人，是不是也修布施功德？告訴諸位，布施並不全是用錢，而且，用錢財布施只是小布施，用佛法智慧布施才是大布施。因為救濟人身的困難是小布施，救濟人心而得解脫生死的痛苦是大布施。昨天與今天，我在此地就是做的大布施。

## （二）持戒

第二「持戒」，持戒不僅僅是守清規的意思。持戒的本意是：所有不該做的壞事應該戒除，已戒除的壞事不應該再做；沒做過的好事應該去做，已做過的好事應該持續不斷地做下去。總而言之，諸惡莫作，眾善奉行。

## （三）忍辱

第三「忍辱」，忍辱不但要忍受一切侮辱，而且要忍受一切痛苦，更要忍受所得到的快樂。如果能忍受痛苦、忍受快樂的話，就是我昨天所說的「八風吹不動」的境界了。

## （四）精進

第四「精進」，精進是為了我們肉體的生命和佛法的法身慧命。所謂肉體的生命，是指血肉之軀的生活現象；佛法的法身慧命，則是我們的信仰所賴以延續的活動現象。為了神聖的悲願，我們要花最大的努力，不灰心、不退縮地做下去，便是精進，假若沒有精進的精神，便可能凡事虎頭蛇尾，或者一曝十寒。那麼，無論是對日常的生活，對身體的維持，以至信仰生活的修持，不是半途而廢，便是萎靡不振，無法達成預期的目的。

## （五）禪定

第五「禪定」，我教禪定，分成三個步驟，也可說分為三個階段，而達到三種不同的境界。第一是身心平衡，第二是物我合一，第三是物我雙亡。

1. 身心平衡，就是使我們有健康的身體和健全的心理。做到了，我們便是正常而健康的人。2. 物我合一，是一般宗教經驗所希望達到的境界。即是我和世界萬物合而為一，凡是中西歷史上的大哲學家及大宗教家，都可能達到這一階段。3. 物我雙亡，只有禪才能達到這一目的。禪，就是教你達到「無」的境界；無，並非等於沒有東西，而是沒有之中，一切都存在，可又並不等於物我合一。物我雙亡是到了真正開悟之後，覺得我們這個世界完全是假的，雖然是假的，世界還是照常存在。在此三階段之中，我們又可以用三個名詞來解釋。

1. 身心平衡是小我的階段。即是平常所感到的正常心理狀態之下的平靜安逸的自我感。2. 物我合一是大我的階段。此我的存在和宇宙萬物的存在合而為一，不管上帝在我心裡或我在上帝裡面，都是大我的觀念。3.物我雙亡是無我的階段。既無小我，也無大我，只是清楚地、自然地、活潑地、無礙地存在。

諸位不要以為修禪定必須要坐在那裡的。修禪定有許多方法，靜坐只是一種基本方法而已，禪的開悟，並非只靠靜坐，只是開始時，需要靜坐的基本訓練。實際上念佛、誦經、懺悔、禮拜、祈禱，無非是要使心力集中，而禪的初步工夫，便是如何訓練你的心力集中。所謂「誠之所至，金石為開」，「誠」便是心力集中。心無旁鶩，只有一個念頭，集中在一個念頭，這就是禪定的初步工夫。所以諸位不可把禪定的範圍看得太狹小，禪定是包括一切修行方法在內的，禪是通於大、小三乘及顯、密二教的。

## （六）智慧

第六「智慧」，智慧包括有三個項目：聞慧、思慧及修慧。聞慧是經由眼耳所見所聞的一切修行方法而得到的啟悟。思慧是看到、聽到，或學到東西以後，加以慎思明辨的工夫。修慧是從修行前面所說的布施、持戒、忍辱、精進及禪定的五種方法中所得的悟境。以上六種修行方法，是一體的，其重心則在智慧上。不過，想要得到真正的智慧，則必須兼修其他的五種方法。如果撇開其他五種，僅修其中一種，譬如說老是打坐的話，縱能開悟，悟也不會深的。

在此，我要告訴諸位，為什麼六度把智慧放在最後，因為佛教的一切修行方法，無非希望修行者的最終目標是智慧，得到了智慧，即是開了悟，開悟可使人們擺脫煩惱。如果想得到智慧，一定要解除自己的煩惱，煩惱解除了，智慧自然出現，智慧出現了，煩惱便解除，這是循環而互為因果的，所以修行愈深悟境愈高，智慧愈深煩惱愈薄。

最後為諸位祝願，身心愉快，法喜充滿。

（一九七七年十月二十四日講於加拿大多倫多市中山紀念堂，簡許邦居士錄音，張劉佩珍居士筆錄）

# 在家居士如何學佛？

## 一、佛學與學佛

很多人都以為佛學很不容易懂，因為專門性的名詞太多、經典太多、論書太多、教理思想的派別也太多，初進佛門的人，頗有望洋興嘆而不知何取何捨的困難。即使是專門以研究佛學的學者而言，也很難找到幾位精通全部佛學而了無疑問的人來。因此，佛學兩字，對於一般人來講，的確是一門深奧的學問。

其實，我們的教主釋迦牟尼佛，宣講的佛法，是將他親自體證到的如何成佛的方法，告訴了我們。他的目的是希望一切的人，都能依照他教的方法來修學，他沒有希望他的教義，被視為一派哲學的體系，當然不會希望學者們把他所證得的佛法，看作一門學術，放到研究室和圖書館裡去，讓人家用科學方法去研究它。所以，從佛教的根本之理而論，只有學佛，沒有佛學。學佛，是信仰佛教的目的，唯有學佛，始有轉凡成聖而至成佛的可能；佛學，是研究的一門人文科學，它能告訴我們佛教在型態和地域上的演變，以及在思想上的發展，也就是將佛教的教團史和教理史，做各種角度的分析和考察，而視之為佛教的考古學、社會學、文學和哲學，它並不負有勸人信仰和實踐的責任。

一般人所說佛教的難懂，應該是指的佛學，而不是學佛。因為，釋迦牟尼佛當時向弟子們宣說的佛法，如果是難懂的話，他的教化，便不可能普及到各階層去，即使現在，我們從比較原始的佛經中，仍可體味到，釋迦佛陀的教義，相當樸實，與一般人的生活行為有密切關係。所以，我敢向諸位肯定地說，學佛很容易懂，大家以為難懂的，是指佛學。凡一樁事物，歷史久了，在它上面堆積的東西，必然愈來愈多，清理這些堆積物，便是一門深奧的學問，假如要想從這些堆積物裡，找出最簡單、最根本、最平實的方法，來讓大家實行，便是學佛的工作，可是，要做這番找的工夫，也非普通的人能夠辦到。這就是我們身為法師者的責任，法師們應從難懂的佛學之中，找出易懂的學佛的方法，來告訴廣大的群眾及佛教徒。

因此，我們要弄清，佛學雖難，學佛卻易。佛學的研究，雖非釋迦佛陀設教的目的，站在文學的立場，對佛教做學術性的研究，仍是值得鼓勵的。不過，對於廣大的信眾而言，佛經不是讓你研究的，而是教你照著去實踐的，實踐佛的教義，便稱為學佛。

## 二、學習成佛的方法

佛教，當然不是唯物論的宗教，卻是無神論的宗教。不像其他一神論的宗教，雖然也有各種對於道德生活的教訓，那是為了求得神的眷顧和救濟，信徒們才去遵守那些所謂神的啟示，因為他們相信他們所信的經典中記載的神，是宇宙間唯一的、至高的、至大的、至尊的，人們除了接受神的啟示，沒有別途可以選擇。所以，他們是為信仰神有權威，而遵守道德生活的教訓，他們無權因為遵守道德生活而求達到與神同等的地位，甚至也無權向神要求，非把他們救濟到天國去不可。

這在佛教，頗不相同，佛教以為，我們所處的自然環境，是由我們生活在這環境中的每一個人的業力感得的，也就是說：我們在過去的無數生死之中，造作了相同相類的行為，結果，便形成一個讓我們共同來接受和生存的自然環境。所以，佛教不承認宇宙間有任何絕對權威的神。

佛教，同樣強調信仰的重要，那是信仰釋迦佛陀所說的法——成佛的方法，絕對正確，絕對真實。可是在你信仰之後，便該照著佛陀所示的方法，來實行於你的日常生活之中。因此，佛教徒雖將佛陀視為崇拜的對象，與他們的生活有密切關係的，寧可說是佛陀的教法。依照佛陀所示的生活方式來做，漸漸地，便能達到解脫一切身心苦惱的目的。佛陀，是從一切的身心苦惱中得到了解脫的人，也是至高、至大、至尊的超世界和超宇宙的偉大人格，但是，佛陀的偉大，雖充滿於時間與空間，卻不占固定的時空位置，所以，人人可以成佛。

釋迦佛陀在世的時代，隨緣開示，應機教化，所說的佛法很多，歸納起來，不出戒、定、慧三個項目的範圍，我們學佛，其實就是學這三項。世間可學的東西很多，那些都是苦樂相對的、有限的、得失交替的、變動無常的，所以佛教稱其為有漏之學。戒、定、慧名為三無漏學，學這三項東西，可以防止所得成果的漏失，繼續學到佛的程度為止。戒、定、慧雖分三個項目，事實上有連鎖的關係，如同一物的三個支點，缺一不可。要想求得智慧，須先有禪定的工夫，如希望得到禪定工夫，須先有持戒的宗教生活；持戒的宗教生活愈清淨，愈可助成高深的禪定，在深定之中，便能產生超人的智慧；回轉頭來，再以智慧的判斷和選擇，來指導持戒的宗教生活，來鑑別禪定工夫的深淺和邪正。

## 三、戒

戒的定義是：有所不為，有所不得不為，它含有訓誡、規勸、警告、指導等意思。通常的人，僅以為佛教的戒是消極地防止犯罪，事實上，那只是就有所不為的一點而言。這點固然重要，站在大乘佛教的立場，有所不得不為的積極態度，更為重要。損人利己和損人不利己的行為，佛教徒不可有，此為消極的要求；自利利人乃至損己利人的行為，佛教徒不可沒有，此為積極的要求。一個初信佛教的人，當做到第一點要求，信佛學佛較久的人，必須從第一點進展到第二點，第一點是止惡，第二點是行善；止惡是自利，行善是利他，有了自利的基礎，而不推展利他事業的話，便無從達到成佛的目的。因為，戒的內容，是從「貪」、「瞋」、「癡」的凡夫行為，淨化復轉變為「喜捨」、「慈悲」、「智慧」的聖者行為。

佛教的戒，雖因出家與在家的分別，而有繁簡不同的要求，對在家居士而言，共有不殺生、不偷盜、不邪淫、不妄語、不飲酒的五條，稱為五戒。此與其他宗教一樣，凡是宣誓信仰佛教的人，從開始接受佛教信仰的同時，便也接受了做為佛教徒行為標準的五戒。因為這五戒是戒「貪」、「瞋」、「癡」三種心理行為，藉身體四肢及口舌行為所做的具體表現，故其雖為在家戒，實際上也是一切佛戒的基準。佛是人格的究竟完美者，沒有完美的人格做基礎，便無從成佛，因此，佛教的五戒，也是人類道德生活的共同要求。

（一）不殺生：佛教的戒殺生，雖與素食主義有關聯，卻並不等於素食主義。佛教鼓勵少吃動物的肉乃至不吃動物的肉，是基於戒殺的要求。如果不是我親手殺的，不是特別為了我想吃肉而教他人殺的，不是他人為了我想吃肉而殺的，便不禁止。而且，佛教的戒殺，固然是為了對一切有生命的，施予愛護的慈悲心，最主要的是不可殺人。假如你不預備將來殺人，希望將來不犯殺人罪，這條殺戒是應當受持的。

（二）不偷盜：除了以正當的謀生方法，取得合法的利潤報酬之外，不貪取不義之財，乃是不偷盜的定義。為了警策我們，勿要從貪圖小便宜、在金錢方面與他人糾纏不清，而演成吞沒公款、收受賄賂、侵占他人財物等的罪行，這條戒是應該受持的。

（三）不邪淫：除了正式夫婦之間，正常的性關係之外，不亂倫、不破壞他人的家庭、不玷汙他人的妻女、不妨害社會的風化。總之，把男女的性關係，視為夫婦之間的責任和義務，乃是不邪淫的定義。為了維護家庭的和樂、子女的幸福、社會的安寧、自身的健康，這條戒是必須受持的。

（四）不妄語：此可分為大、小兩類，通常的說謊、戲笑，是小妄語。為了名聞利養，自己不是聖者而妄稱是聖者，是大妄語，在家居士冒充聖者的不是沒有，可能性卻很少的。因此，諸位居士也能受持這條戒了。況且，為警惕我們不要變成搬弄是非的人，不要被人看作不可信賴的人和口不擇言的人，也應該受持這條戒的。

（五）不飲酒：酒的本身並沒有罪惡，飲酒的人也不一定是壞人，甚至世界上有很多宗教，以酒來做為人和神之間的媒介。禁酒乃佛教的特色之一，原因是飲酒能使人的心智渾濁，過量則能使人趣於狂亂如獸或愚癡如泥的狀態。佛教是個強調求智慧的宗教，酒性與智慧的原則背道而馳，所以主張禁酒。事實上，也唯有不飲酒的人，能夠經常保持頭腦的清明。在今日的社會中，多一分清明的頭腦，便多一分成功的可能性，既然要求在駕駛交通工具之前不可飲酒，在有重要的會議之前不可飲酒，在重大的決策待考慮之前不可飲酒，又何妨乾脆把酒戒掉呢？

與戒、定、慧的三無漏學，對照起來，貪、瞋、癡被稱為三毒，由於這三種毒物為害，不易行善，縱然行了善，也不能持久、不會達到純潔的程度，三毒好像是三個大漏洞，能把善行的功德漏掉，為了補好這個大漏洞，唯一的方法，便是修學三無漏學。最初著手修學之處，便是持五戒，能持五戒，至少能將三毒的毒焰壓住，然後再用禪定和智慧的水，來把三毒之火徹底息滅。

五戒是戒除五項惡行，五項惡行與三毒的相互關係，即是身、口、意的相互關係，可用一張圖表來說明：

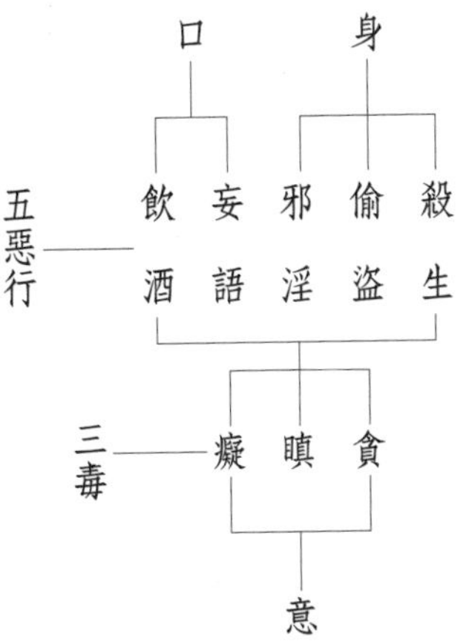


由貪、瞋、癡的三種心理行為，表現為身及口的動作，便成為五種惡行。五戒的功能，是從外表的身及口的動作，加以禁止，使三毒的心理活動，得不到向外表現的機會，同時用禪定的工夫使它平靜，又用智慧加以觀察、分析，漸漸地使之轉變為喜捨、慈悲、智慧的活力。這便是戒的定義：從「有所不為」而做到「有所不得不為」的地步了。其前後的關係，也可用圖表加以說明：

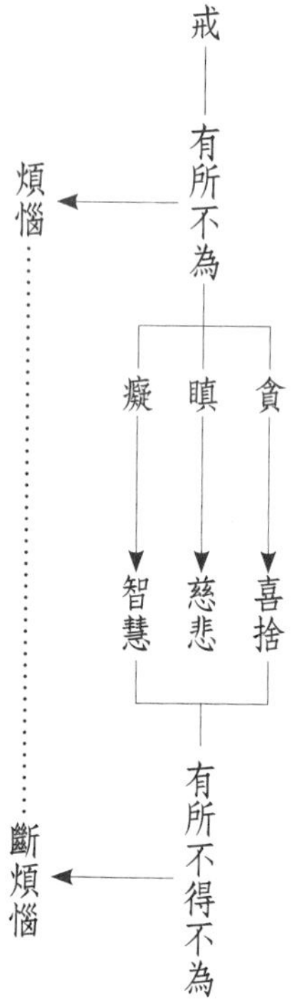


## 四、定

貪、瞋、癡的特性，是由心理活動而表現於身及口的動作，再藉身及口的動作，發洩於人、事、物等的對象。戒的功能，是約束身及口的動作，定的功能，是將向外散漫的種種心理活動，拉回到內心，並且使之安靜而至於物我合一，乃至物我雙亡的心理狀態。但是，定的工夫，應該從日常生活中做起。因此，定的修學，可分為九個要點和兩重層次來加以說明。

## （一）第一重層次——在平常生活中用功

### 1 堅固的信念

無論做任何事，無信則不立，當在對自己的立場和能力了解之後，也會明白何者能做與何者不能做了。不能做的事，不要動妄念；能做的事，應該建立自信心，勇往直前地做去了。同時要考慮到那件事的本身，是否值得去做，是否有去做的必要，也當聽聽他人的忠告。如果對那件事的了解已夠深切，那麼，對於那件事的一定要完成，一定可以完成，建立信心。有自信和信他的信念之後，便可衝破一切難關，百折不撓地來進行你的事業了。誠之所至，金石為開，堅固的信念，可產生無比的力量。

### 2 冷靜的思考

凡在從事一項工作或任務之前，應當多做準備，《中庸》所說：「凡事豫則立，不豫則廢。」通常說，好的開始，是成功的一半，要想開始得順利，必須多做事先的準備。在準備階段，就應該考慮到實行的步驟，和可能發生的情況。到了進行工作的過程中，則要隨時審察、檢點缺陷、糾正錯誤。好的情況要設法使之更好，壞的情況要設法使之改善。這種判別力和決斷力，均係來自冷靜的思考。

3 安詳的言行

一個人如果希望被人視為有品德的、可讓人尊敬和信賴的人，他就必須謹慎他的言論和行動，一個輕言狂語和輕舉妄動的人，他是得不到好評的，當然也不可能促成偉大的事業、博取崇高的社會地位。

4 專注的精神

不論做任何事，如果精神不專注，縱然做成了，也不會是傑出的。中國有一句諺語：「三百六十行，行行出狀元。」意思是說：工作和職業是沒有高低貴賤之分的，如果你能在你從事的那一份工作或職業上，全心全力，將整個的身心投注進去，便可能使你成為你這一門行業中的最傑出者。

## (二) 第二重層次——坐禪的原則和要訣

1 堅信修行的方法

在你實際進行坐禪之前，對於你所學到的方法，一定要有絕對的信心。你要相信佛陀不會騙我們上當，也要相信指導你坐禪的老師，是從親身的經驗中過來的識途老馬，你是一匹小馬，跟著老馬走，絕對不會有問題。當然，誰是值得被你信賴的老師，是重要的，如果你對他的信心不夠，對他指導你的方法，半信半疑，你就不要跟他學，否則那將對你有害無益。

**2 思考修行的情形**

修行禪定，不能沒有檢點和考察的工夫。要留心每次坐禪時，發生在生理和心理上的現象，有的使你覺得輕暖舒暢，有的使你疼痛難受，有的使你歡喜，有的使你恐懼，這些很可能發生在一個初學坐禪者身上的情況，如果你自已能夠明白其原因，是最好，否則，你當隨時請教你的老師，他會幫助你，使你安下心來繼續修行的。

**3 調身**

定的工夫的表現，是在身、口、意的三方面，也可以稱為身定、口定、心定。要達到這三定的目的，便得從調理它們著手。調身，是使身體完成一種適合於坐禪要求的正確姿勢。

**4 調息**

坐禪時的呼吸，要細、要長、要均勻。

## 5 調心

把向外衝擊、浮動和散亂的心念，收攝起來，最初的方法，是以念頭看住念頭，最後做到被看的念頭不起了，能看的念頭也不見了，清清楚楚有一切外在事物的存在，內心卻是寂寂靜靜地不波不動，好像鏡子的鏡面雖映現出鏡外的各種或動或靜的景物，鏡面的本身是靜寂不動的。但是，這樣的工夫，說來容易，得來卻頗不容易。

一般的人，從第二層次的坐禪工夫，可以得到第一層次的四點功力。不從第二層次中下工夫，第一層次的功力，便強不起來。我雖把它們分作兩個層次來說明，其實是一體的兩面。同時，我也常向跟我學禪的人強調，靜坐有三樣好處：1. 能使身心健康，2. 能使頭腦清明，3. 能使人開悟。入定與開悟，當然不是容易的事，至少它能強健你的體魄，堅實你的心力，助成你所努力的事業。

現在將我為美國佛教會週日坐禪會所擬的「坐禪須知」，抄錄如下，以供有心學習靜坐的讀者參考。

## 五、坐禪須知

### （一）坐禪的準備

**1 坐墊**

四方形寬大鬆軟及圓形高約四吋的坐墊各一個。

**2 場所**

整潔、寂靜、肅穆莊嚴的室內。

**3 時間**

精神飽滿之每晨，起床漱洗之後最佳。每日定時進行，每次二十分乃至四、五十分鐘。

在飽食、暴飲、性行為、激烈運動之後，以及疲倦欲睡、正午中夜之時，不宜坐禪。

**4 飲食**

每餐以八分飽為佳，食後暫做三十分鐘休憩，開始坐禪。

## （二）坐禪的方法

### 1調身法

⑴坐法：①結跏趺坐ⓐ吉祥坐——右足架於左腿上再以左足架於右腿上。

ⓑ金剛坐——左足架於右腿上再以右足架於左腿上。

（編案：本書關於吉祥坐與金剛坐的敘述，與傳統經典剛好相反，相關內容可參見《一切經音義》卷八）

②半跏趺坐——右足置於左腿下，左足架於右腿上。

③交足坐——左右二足隨意交叉平放。

④椅子坐——端正坐於椅上，兩足自然垂直。

⑤日本坐——兩膝長跪、兩足向後伸直足尖相疊，腰幹伸直，坐於兩足跟上。

⑵手式：二掌向上左掌置於右掌上，二拇指輕輕相接，中間成圓形。

⑶身姿：左右搖動數次，以確定坐姿的平穩，背脊骨伸直，顎向內收。

⑷視線：①閉目——精神飽滿時。

②注視正前方一公尺處或壁之一點——略感昏沉時。

③閉目及注視交替使用。

2 調息法

坐下後做數次深呼吸，最後一次吸入丹田（下腹部），便恢復平常呼吸。

3 調心法

數息觀，調息後即由一數至十，反覆地默數呼吸。

①出息觀

②入息觀

## 六、慧

慧是包括知識範圍的「認識心」和「簡擇力」，知識不能涵蓋慧的內容，從知識可以昇華到慧的領域，佛教不是知識的宗教，卻是使知識昇華為智慧的宗教，那是因為除了肯定世間的知識之外，更著重在超知識的「悟」的經驗下而獲得智慧，智慧便是由悟而得的超知識的「認識心」和「簡擇力」。不過，慧的獲得雖在於悟，慧的尋求，仍不能離開知識，它有「聞」、「思」、

「修」的三個連環性的步驟：

## （一）聞慧——虛心學習

佛教徒修行成佛的方法，稱為學佛，在煩惱沒有斷盡以前的人，稱為住於「學地」的「學人」，並且每天應該記誦四句話：「眾生無邊誓願度，煩惱無盡誓願斷，法門無量誓願學，佛道無上誓願成。」也就是說：如果你有成佛的願望，你當斷盡一切的煩惱，救度無數的眾生；如何斷煩惱？怎樣度眾生？那就非得學習種種方法不可了。因此，對於佛教徒而言，有一天不成佛，就得有一天學習，假如最初你是一個沒有學習興趣的人，當你對佛教產生信心之後，你便不會不學了。

聞慧的學習方式，是用耳朵和眼睛等的官能。聽人開示佛法，講解經論，是用耳朵；自己閱讀佛教的經論，看佛教道場的莊嚴神聖和僧尼的威儀齊整，是用眼睛。凡此種種，只要能夠使你的身心得到若干乃至少許益處的，均稱為聞慧。進一層，悟性高的人，或者修學佛法有了相當工夫的人，他們可以從與自然界各種現象的接觸之中，學習到佛法，也能從人與人的平常應對接談之間，學習到佛法，尤其在中國禪宗的記載，這種例子特別多。因此佛法不一定在佛經之中，世間的一切事物、一切現象，才是真實的佛法。不過，人們最初理解佛法，需要通過佛經的說明而已。

### （二）思慧——縝密研究

對於已經聽到和看到的東西，應該下一番研究的工夫，來消化它們，將你從各方面學得的東西，當作沒有經過處理的原料，然後，依照你的理解程度，分類研判，把你覺得適合你程度及當前用得到的，接受下來。被你懷疑的東西，你尚無法理解的東西，或者覺得無關緊要的東西，便把它們擱置一邊，做為參考，當你的程度高升到某一階段之時，現在以為沒有用，不合理的東西，也正是那個階段覺得最有用、最合理的東西。因此，佛教徒的學習態度是精密而且客觀的。

### （三）修慧——實際體驗

學以致用，把學到的東西，在日常生活中運用出來。慧的表現，是全部身心的實際體驗，它與知識的最大不同者，知識可以販買，可以現買、現賣，一般的知識分子，可以把學到的知識傳授給學生，慧則不同，慧是身心內在的體驗，無法用語言文字表達清楚，所謂「如人飲水，冷暖自知」，可以傳授如何獲得慧的方法，慧的本身乃是無法傳授的。又所謂「大智若愚」，正因為慧不是知識，無從說明，所以有大智慧的人，很可能是不善於辯論的人，但他必定是有完美人格的人。如果要認識「慧」是什麼型態，也許可以從考察一個有道之士的實際生活中，得到若干印象。

修慧，修什麼呢？修習如何獲得慧的方法。關於這一點，我已告訴了諸位：從聞、思所得的慧，指導我們持「戒」和習「定」，便是修慧的具體內容，再由持戒和習定，產生更強的慧力，如此循環不已，最後，便是最高、至尊、無上人格的完成——佛陀。

（一九七六年五月九日講於美國佛教會佛誕法會）

# 小乘當真不好嗎？

中國是大乘佛教的再生地區，所以中國的佛教徒，不喜歡小乘一詞，一談就是大乘法門的菩薩道與菩薩行，如果被人戴上了小乘人的帽子，簡直就是奇恥大辱！

事實上，大乘精神，固然偉大，小乘佛教，也就當真不好嗎？

小乘人的缺點，端在自求解脫，而此解脫之道，卻非佛果的圓滿，所以被大乘佛教斥為「自了漢」、斥為「焦芽敗種」。其實，凡是信仰佛教，而達於聖位的境界，他自己解脫了，也必影響他人走向解脫之道。辟支迦佛是小乘聖者，但如有人供養了辟支迦佛，便可有願必成，也將必可得到解脫之道；佛時的諸大弟子，都是大阿羅漢，阿羅漢是小乘，但是除了少數的例外，絕對的多數，無不盡其所能地去度脫有緣的眾生。許多的阿羅漢，當他們尚未證果之前，專事修持，一旦「所作已辦，不受後有」之後，便去積極地為僧團大眾服務了，比如沓婆摩羅子，即是最好的例子，再如舍利弗、目犍連、富樓那、迦留陀夷等，在他們的行誼之中，根本看不出所謂「自了漢」的惰性來。相反地，中國的大乘佛教，比如禪宗的祖師，主張於未悟之前要尋師訪道，參得個「入處」之後，倒要在水邊林下去長養聖胎了。這種大乘精神，豈能不算自了？當然，禪宗的開悟，只是悟得一個「入處」，並非即是證果（即使也有可能證得大乘賢聖的階位），所以開悟的人，未必已能決定不再退轉，所以他們仍要如理修持，長養聖胎，而不立即廣度眾生。

中國佛教之隱於山林，而與人間隔離者，與禪宗的風氣，有著深長的影響，雖然禪宗之隱於山林，仍能吸收新的分子，但此總不能算是大乘佛教所獨有的精神。南傳的是小乘佛教，如說小乘只管自度而不度他人，南傳佛教應該早已滅亡了，實則竟又不然呀！

大乘佛教的義理之高超、境界之廣大，這是無可否認的，也是值得我們大乘佛教徒所引以為榮的。但是中國佛教之未能將大乘精神充分地表達為實際的力量，也是無可否認的事實，甚至以大乘佛教的招牌做為掩護，竟把小乘佛教的美德也拒之於千里之外了！

大乘經論中，每皆訶責小乘，但是也有讚歎小乘的。大家都在好高騖遠地「迷信」大乘佛教（未解大乘勝義，未能如實而行者，僅僅以耳代目，僅僅拾人牙慧，豈不等於迷信），實則尚不足以衡小乘人的心行。故我希望中國佛教徒們，應該返身過來，重新肯定小乘的精神，再談大乘也不為遲（其實，原始佛教中，根本沒有大乘與小乘的問題）。

《涅槃經》中說：「五篇七聚，並是出家菩薩律儀。」五篇七聚是比丘戒，比丘是聲聞眾，所以嚴格地說，比丘戒是小乘戒，比丘也是小乘眾，比丘之成為大乘眾，乃是由於菩薩戒而來，但是比丘成了大乘菩薩，仍不能因了大乘戒而廢棄小乘戒，以此可見小乘戒的重要性了。

《菩薩戒本經》中說：「若菩薩，如是見如是說言：菩薩不應聽聲聞經法，不應受不應學，菩薩何用聲聞法為？是名為犯眾多犯，是犯染汙起。何以故？菩薩尚聽外道異論，況復佛語。」

《地藏十輪經》中說：「三乘皆應修學，不應憍傲，妄號大乘，謗毀聲聞獨覺乘法。」

小乘乃是大乘的基礎，如果拋棄了小乘，而光談大乘，除非是大權示現，那就要求升反墮了。可惜，今世的中國佛教徒們，尤其是出家弟子，竟在大乘的外衣下，兩頭落了空，中國佛教的衰微，原因即在於此，如果再不猛省回頭，便要不堪設想了！同道們，不要自欺欺人，自我陶醉罷！試問：我們表現了哪一點是獨有的菩薩精神？除了素食之外，又有多少成績比小乘佛教表現得更好？

有人說，大乘佛教是東方文化的遺產，到如今我們這些大乘佛教徒，竟是破落戶的守財奴了，甚至連守的責任都未能盡到哩！如果再不反省，我們將成大乘佛教的罪人了。

一個出家人，一個受了菩薩戒的菩薩比丘或比丘尼，他既是一個標準的比丘或比丘尼（小乘人），還得是個行菩薩道的大乘人，絕不可以行了菩薩道，便破比丘戒。至於菩薩道者，是指為度眾生、為護眾生，難忍能忍、難行能行、難捨能捨。那麼又要試問：我們這些菩薩，忍了什麼？行了什麼？又捨了什麼？

我絕不敢毀謗大乘佛教，但我希望大家應肯定小乘佛教的律儀與心行之後，再行大乘的工夫，否則便是懸空了！

# 佛子能拜鬼神嗎？

我們中國人信佛，大部分是神佛不分的，其實那些神佛不分的佛教徒，如果嚴格地說，他們不是佛教徒，而是神教徒。不過他們之有宗教的信仰，仍是根源於佛教的關係，所以他們本身，不會否認他們信的是佛。

既然神佛不分，他們所崇拜的對象，也就很複雜了，凡是泥塑、木雕、油漆、墨畫的偶像，不論什麼名目的偶像，都在他們的崇拜之列。一般淺知者批評佛教的「滿天神佛」者，也就是指的這一現象。

事實上，他們並不是佛教的正信弟子，他們也沒有皈依三寶，如果皈依了三寶之後，他們就不會如此地「迷信」了！因在三皈之中，就有三項規定：

（一）盡形壽皈依佛，不皈依天魔外道。

（二）盡形壽皈依法，不皈依外道邪說。
（三）盡形壽皈依僧，不皈依外道邪眾。

既然不得皈依外道，自也不會再去崇拜外道的神像了。再說，一般人所拜的鬼神，都是低級的，都是不辨善惡的，敬他者未必得福，逆他者必定招禍，其實那些鬼神，多半是厲鬼之類的邪靈所化。

但是邪不敵正，只要我們皈依了三寶，這些邪靈，自會斂跡，在《灌頂三皈五戒帶佩護身咒經》中說，皈依三寶之後，即有三十六位鬼神之王，隨逐護助。如能再受五戒，每持一戒，即有五位護戒天神，隨逐護身。因此，在《佛說戒消災經》中又說，一人因受五戒，吃人鬼即不敢近身。可見凡是皈依了三寶的佛弟子，一般的邪靈鬼神，不唯不敢受禮，並且還會遙遙地逃避哩！

不過依照《優婆塞戒經》中說，在家的佛弟子們，為了護持舍宅與身命，可以祭祀諸神，如果為了恭敬諸天擁護佛法的功德，供養禮拜，也是可以的，並也可以禮拜世間國王、長者、貴人、老者、有德之人，但那僅為恭敬，而非皈依。在家人，在俗隨俗，但卻不得因隨俗而流俗，而去敬信外道，宣說邪法。同時，禮拜天神，也僅限於擁護正法的天神。否則的話，便要失去皈依三寶的身分了。

至於出家人，無論比丘、比丘尼、式叉摩尼、沙彌、沙彌尼，絕對不可禮拜任何鬼神，寺院內雖然莊飾護法伽藍的神像，僧人也不得禮拜，否則便是犯戒。

# 觀世音菩薩

## 一、前言

今天是觀世音菩薩的聖誕日，所以向諸位介紹偉大的觀世音菩薩。這對聖嚴本人來說，尤其感到無限的親切和無限的讚仰，因我自幼至今，無一天不是沐浴在這位大菩薩的恩光之中。

我生而病弱，由我母親虔信觀音而得不死。我的兄姊皈依理教，我也參加過理教的法會，理教雖非正宗的佛教，理教的信仰中心「聖宗古佛」，其實就是觀世音菩薩。我在童年出家時的江蘇南通狼山，其所奉的大聖菩薩，原係唐高宗時代由西域來華的一位高僧，名叫僧伽，據《宋高僧傳》的記載，他曾現十一面觀音像，所以是觀世音菩薩的化身。我少年時很笨，雖不像佛世的周利槃陀伽，佛經說他三個月誦不會一首偈，教他「掃帚」兩個字，記住了「掃」字便忘了「帚」字，記住了「帚」字又忘掉了「掃」字，但他畢竟由於佛陀的有教無類而證到阿羅漢果。可是，據我母親說，我到了六歲才會講話，到了九歲才開蒙讀書，當我十三歲出家之際，僅僅是個初小四年級的小學生；可是，出家之後，師父講給我聽的第一個故事，便是向觀世音菩薩求智慧得智慧的事例：宋朝的永明延壽禪師，因修法華懺法二十一天，夢見觀世音菩薩以甘露灌其口，便得無礙辯才，他著有《宗鏡錄》一百卷及《萬善同歸集》，乃為佛教史上的不朽名作，他的地位之高由此可見。

所以我的師父教我每天早晚，至少要拜二百拜的觀音菩薩，我拜了半年多，邊拜邊做觀想：觀音大士手執楊枝，以甘露清涼淨水，灑在我的頭上，因此，我對厚厚的一本《禪門日誦》，在數月之間就背熟了，當時連我自己也有點意外地吃驚。後來我到了上海，狼山的下院大聖寺，天天做經懺，適巧靜安寺創辦佛學院，現在我們善導寺的監院妙然法師及知客守成法師，也是當時負責院務及管理的人員。我要求師長上人送我去求學，上人則說我的程度太差，縱然送我去了，第一是考試不會錄取，第二是即使錄取了，我也聽不懂課。我在失望之餘，每天夜裡起來禮拜觀世音菩薩，過了半年，我終於達成求學的目的，做了靜安寺佛學院的插班生。這使我又是一次意外的欣喜。

一九四九年春天，在動亂局面之下，我加入軍隊到了臺灣，以我當時的身體狀況，有的同學認為不消三個月，就會在軍中拖死，但在我的心中始終沒有離開觀世音菩薩，往往利用行軍及晨操跑步的時間默念觀世音菩薩，所以我也經常都在觀世音菩薩的慈光照顧之下。軍中一住十年，最後退役，隨東初老人重行出家之後，我的願望是求菩薩賜我一個靜修用功的道場，所以天天禮大悲懺，念觀音大士聖號，當時有幾個朋友都認為我的願望是註定要落空的，在臺灣這個地方，有一些長老上座，要求一個理想的用功之所尚不容易，何況我是一個初出家的人呢？當時我對臺灣的佛教界，可用「人地生疏」四個字來形容，在無從找人資助道糧，也無從探聽何處容我安身靜修的情形之下，竟由於浩霖法師的偶然介紹，以及悟一法師的從旁協助，使我認識了高雄山區美濃鎮的兩位尼師，因此去朝元寺一住就是六年多，若非悟一大和尚把我請來本寺，我尚可以在那裡繼續掩關下去。

由於我自己如上所說的經歷，我對觀世音菩薩的有求必應，那是深信不疑，也是感恩不已的。

## 二、觀世音菩薩的出典

現在我們再從藏經中檢閱關於說到觀世音菩薩的許多資料。世尊化世之際，在各大乘經中，說到諸大菩薩之處極多，就以佛在靈鷲山的法華會上，便有八萬多位大菩薩，重要的也有十八位，觀世音菩薩是十八位大菩薩之一。但是，在印度、在西域、在越南、在日本、在韓國，特別重視觀世音菩薩的信仰，這從各地古代佛教美術的表現中，發現所有的繪畫及雕塑，以觀音聖像占有多數的比例，可以得到證明。尤其在我國，西藏的密教中心，便是觀音信仰，沒有觀音便沒有西藏的佛教。至於江蘇、浙江、福建、廣東、廣西、臺灣等地的民間，以及南洋的華僑，他們儘管可以不知有佛教的教主釋迦牟尼，卻無一不信有觀世音菩薩的。所以俗話說：「家家彌陀佛，戶戶觀世音。」可見觀音菩薩之於佛教中的地位和觀念，對我們這個世界的眾生來說，僅次於釋迦世尊與阿彌陀佛。就是由於這位大士和我們這個娑婆世界的眾生特別有緣，尋聲救苦，有求必應。至於這位大士的出典，反而很少有人注意了。

雖然，信仰的本身，並不一定要理解它的道理，只要依照佛的開示，知道觀音菩薩是有求必應的、救苦救難的，信仰他而祈求他，你就可以得到靈驗。但是，信仰的維繫和發揚，必須要有事實的例子及理論的基礎來支持。所以今天我才選擇了本題，來向觀世音菩薩的諸位弟子們介紹，使得已經信仰的人更加虔誠，也使尚未信仰的人趕緊信仰。

觀世音菩薩在梵文佛經中稱為「阿縛盧枳帝濕伐邏」（Avalokiteśvara），在中文佛典中的譯名，有好幾種，竺法護譯為「光世音」，鳩摩羅什的舊譯為「觀世音」，玄奘的新譯為「觀自在」，中國通用的則為羅什的舊譯。我們中國人好求簡約，一般略稱為觀音。但照梵文原義，尚可譯作「觀世自在」、「觀世音自在」、「闚音」、「現音聲」、「聖觀音」等。

我們中國通常多用觀世音來稱這位大菩薩，主要原因是由於《法華經》第二十五品〈普門品〉的盛行，我國通行的《法華經》，即是鳩摩羅什所譯。至於〈普門品〉的盛行，最早是由五胡亂華時代的北涼國主沮渠蒙遜害了一場大病，正在群醫束手，百藥罔效之際，有一位來自印度的譯經法師曇無讖，勸他至誠讀誦〈普門品〉，即可消障除病，能使身體恢復健康。沮渠蒙遜就遵照曇無讖法師的指示去做，真的使他那場怪病，不藥而癒。因此，不但國主教令國人讀誦〈普門品〉，很多人也自動地讀誦〈普門品〉了。所以，《法華經》是經中之王，〈普門品〉又是《法華經》中與我國最有緣的一品。

我們再來介紹觀世音菩薩的意思，可有兩種解釋：1.是《楞嚴經》卷六所說這位菩薩最初的修行方法，是耳根不向外聞，而是向內自聞耳根中能聞的聞性，由此做到「動靜二相，了然不生」。不若一般人的耳根是向外分別聲音，致受外境例如讚歎或誹謗所動，生起貪瞋愛惡的煩惱，促成殺盜淫妄的惡業，再受輪轉生死的苦報，這也就是觀察分析世間音聲之虛妄不實，而能不受所動，入於如如不動的大解脫境。2.是《法華經．普門品》所說的：「若有無量百千萬億眾生，受諸苦惱，聞是觀世音菩薩，一心稱名。觀世音菩薩，即時觀其音聲，皆得解脫。」也就是說，凡有眾生，若在苦惱之時，只要聽說有一位觀世音菩薩，而專心虔誠地稱念觀音聖號，觀音菩薩便會立即聽到每一眾生的音聲，而同時予以救濟，所以叫作觀世音。《悲華經》中也說：「寶藏佛尋為授記：善男子！汝觀天人及三惡道一切眾生，生大悲心，欲斷眾生諸苦惱故，欲斷眾生諸煩惱故，欲令眾生住安樂故。善男子！今當字汝，為觀世音。」可見，《楞嚴經》是依觀音法門的自修而言，〈普門品〉及《悲華經》則是依觀音菩薩的度他而言。至於「觀自在菩薩」，是唐玄奘的新譯，最有名也最通用的，是出於《心經》的頭一句，現在流行的《心經》，便是出於玄奘的譯筆。

但是，《心經》自古以來，共有七種漢文譯本，玄奘屬於第二譯，初譯則出於羅什之手，故在玄奘未去印度求法之前，他已學到了《心經》，而且對於觀世音菩薩抱有絕對的信仰心。根據玄奘大師傳中記述，他至少有多次祈求觀音靈感的經驗，例如：

（一）是當他經過八百里流沙河的時候，上無飛鳥，下無走獸，只是妖魔鬼火之多，猶如天上的繁星，不知遇到了多少惡鬼邪妖，在他前後纏繞，他都以念《心經》而遣散了這些魔鬼的作祟。

（二）是當他出了玉門關，晚宿沙漠中，隨從他的胡人忽起變心，拔刀指向玄奘三藏，玄奘即時誦經念觀世音菩薩，胡人見了頓失殺心，又睡了下去。

（三）是玄奘正在橫渡八百里流沙，亦即是莫賀延磧的時候，經過了五天四夜的沙漠旅行，未得滴水可飲，他和他所騎的馬，均因缺水而倒臥在沙漠之中，奘師便在心中默禱觀世音菩薩，他說：「玄奘此行，不求財利，無冀名譽，但為無上正法來耳，仰惟菩薩，慈念群生，以救苦為務，此為苦矣，寧不知耶？」禱告之後到第五夜半，忽有涼風觸身，爽快如沐寒水，全身舒暢，眼得明朗，馬兒也能起來走了，走了十多里，馬兒忽然走向岔路，制之不住，又經數里，忽見青草數畝，並有一個水池。奘師與馬，始得救濟，重保身命，此一水草絕非原有，乃是觀音菩薩慈悲變現而來。

為什麼觀世音又名為觀自在？根據梵文「阿縛盧枳帝濕伐邏」的原義，含有「觀照縱任」或「君主」的意思，也就是觀照萬法而任運自在的意思。現在借用太虛大師的話來做一解釋，他說：「因為觀世音菩薩有般若的智慧，照見五蘊皆空，所以能救苦救難。平常人執五蘊為世界、為我，就是不能照見五蘊皆空，有自、有他、有人、有我。要能照見五蘊皆空，則人我、是非皆能消除。真正見到無人無我，則能以眾人苦難為苦難，這樣才能成為無我的大慈大悲，才能成立大公無私的偉大人格，發揮救苦救難的功用。」（見《太虛全書．雜藏》五五一頁）

實則，觀音菩薩的名字，在許多的大乘經中，都有說到。在顯教方面，例如《成具光明定意經》、《維摩經》、《放光般若經》、《光讚般若經》、《大寶積經》第八十二卷及第一百卷、《楞嚴經》卷六、舊譯《華嚴經》卷五十一、新譯《華嚴經》卷六十八、《悲華經》、《地藏經》、《大阿彌陀經》卷上、《無量壽經》卷下，以及《觀無量壽經》等；在密教方面，則有《金剛恐怖集會方廣軌儀觀自在菩薩三世最勝心明王經》、《陀羅尼集經》、《一切功德莊嚴王經》、《清淨觀世音普賢陀羅尼經》、《菩提場所說一字頂輪王經》、《大方廣曼殊室利經》、《大日經疏》卷五、《千光眼觀自在菩薩祕密法經》、《理趣經》、《最上根本大樂金剛不空三昧大教王經》、《阿唎多羅陀羅尼阿嚕力經》、《不空羂索神變真言經》等。

由此可見，觀世音菩薩是顯、密兩教共同重視，且特別尊仰的一位大菩薩。不過，在我們中國，《法華經》的〈普門品〉及《心經》，特別受到普遍的弘揚和誦持。〈普門品〉的內容，重在觀音菩薩的化跡示現，是對凡夫眾生在現實生活及實際苦難的救濟。《心經》則為說明觀世音菩薩的修行法門，是從觀照人生宇宙的緣生空性，而證入究竟理體，發出大慈大悲的救世精神。

正由於觀世音菩薩的悲願宏深、感應廣大，故從歷代以來的佛教史傳之中，對於觀世音菩薩的信仰及靈感事蹟，可謂俯拾即是，筆不絕書。例如《法苑珠林》、《比丘尼傳》、《梁高僧傳》、《名僧傳抄》、《唐高僧傳》、《出三藏記集》、《弘明集》、《觀音義疏》、《法華義疏》、《辯正論》、《弘贊法華傳》、《法華經傳記》、《三寶感應要略錄》、《往生集》、《宋高僧傳》、《佛祖統紀》、《說郛》、《五朝小說》、《舊小說》、《太平御覽》、《金石續篇》等書，均有關於觀世音靈感的許多記載。

又自北魏時代的孫敬德開始，依據經義，編出了《高王觀世音經》，接著又出現了《觀世音菩薩救苦經》、《觀世音十大願經》、《觀世音三昧經》、《觀世音詠託生經》，其中除《高王觀世音經》及《觀世音菩薩救苦經》，如今尚可找得之外，其餘的已不流傳。但請諸位不要以為這些經典係由中國人編寫的，就沒有靈驗。關於這點，我在八年以前的《今日佛教》雜誌第四十一期上就曾說過：「文字雖出偽造，諸佛菩薩聖號，卻是出於佛經，所以仍有靈驗可觀。」又例如最受我重視的一部《大悲懺》，它的全名應該是《千手千眼大悲心陀羅尼懺法》，乃是出於宋朝的四明尊者知禮大師，根據伽梵達摩所譯的

《大悲心陀羅尼經》編成，我們絕不能說懺儀是祖師所編就不靈驗，事實上這是一部極其靈驗的懺法，真可做到有求必應的程度。

正因為「觀音」普遍地受到廣大眾生的歡迎，中國民間，也就出現了以觀音菩薩為題材而寫的小說，最有名的便是一部《觀音得道》又名《大香山》的傳奇小說。關於這本小書，凡是略具佛學知識的人，誰都知道它的內容並非事實，它的觀點也不夠正確，但到目前為止，這本小書已被改編成好多部話劇和電影。去（西元一九六七）年香港的邵氏電影公司，還推出了一部叫作《觀世音》的影片，就是根據《觀音得道》這本小書改編的。這部小書的內容，大約是說有一位妙莊王，生了三位公主，大公主愛文才，招了一個文駙馬；二公主愛武才，招了一個武駙馬；三公主妙善愛修行學佛，仁孝貞潔，慈悲愛物，捨己為人，後來在大香山成了正果。此一傳說，原出於《汝州志》。汝州是河南省的一個地名，民國以後改為臨汝縣，唯在這部志書中所說的觀音之父，名叫楚莊王，小說中則改為妙莊王。可是這個故事為《觀音感通錄》等佛教典籍所不載，所以不能信為事實。此書在中國民間的影響力極大，其大原則，在於教導大家仁孝慈悲，並不違背佛教。

又因為發生在人間的觀音靈感的事蹟，與時日俱增，所以就有人發心，將這些事蹟編集起來。初有會稽地方的謝敦和吳郡的陸澄，合撰了《觀音驗記》，陸杲撰《繫觀世音應驗記》，王琰的《冥祥記》，宋朝臨川劉義慶的《宣驗義記》，清朝的周克復的《觀音經持驗記》，弘贊的《觀音慈林集》等。近人的著作之中，則有慈航法師的《怎樣知道有觀世音菩薩》（收於《慈航法師全集》第九冊），家師東初老法師的《救世大悲者》（六十四開單行小冊），煮雲法師的《南海普陀山傳奇異聞錄》，另有印順老法師在擔任善導寺住持期間的兩篇開示記錄，也很有價值，現收於印老的文集《頑石點頭》一書之中。此外凡是有關〈普門品〉的諸家講記及註釋，都錄有許多觀世音菩薩的靈感事蹟。

## 三、觀世音菩薩的道場

觀世音菩薩究竟是何許人氏，他老人家究竟是住於何處？這是很多人希望知道的事，正像尊客初次見面，先要請教一下貴姓大名，貴府上是哪裡一樣。

根據佛經的記載，以及後來的示現而言，有好多種說法，現在試為介紹其重要者如下：

依照《悲華經》所說，觀音菩薩是西方極樂世界一生補處的法身大士，他是即將繼承阿彌陀佛佛位的大菩薩。他在阿彌陀佛因地之時，做轉輪聖王之際，是千子之中的第一太子，名叫不眴，出家後號觀世音，他將在彌陀入滅後成佛，號為遍出一切光明功德山王如來，那時他的國土叫作「一切珍寶所成就世界」。

同時在《大阿彌陀經》、《無量壽經》，以及《觀世音菩薩授記經》等，也說觀世音菩薩是西方阿彌陀佛的脇侍，常住於極樂世界，以阿彌陀佛為師，並輔助彌陀之教化。又在《觀無量壽經》中也說，觀音菩薩於寶冠中，戴阿彌陀；若有眾生願生極樂，臨命終時阿彌陀佛及觀音等諸聖眾，來現此界，手持蓮台，接引往生。由此可知，觀音菩薩的根本道場，是在西方極樂世界。

但是，依照《華嚴經》的記載，敘述善財童子五十三參的過程之中，第二十八位大善知識，便是參訪的觀世音菩薩，說在印度的南方有山，名補怛洛迦，那裡住的一位菩薩，就是觀自在。此山是在海上，山為眾寶所成，極其清淨，遍山都長滿了花果樹林，泉流及池沼，也均極巧妙之能事。觀音菩薩在那裡，結跏趺坐，無量菩薩恭敬圍繞，聆聽觀音菩薩宣說大慈悲法。從這一記載看來，觀世音菩薩的道場，就在我們這個娑婆世界的南印度了。

又照我國一般人的信念來說，觀世音不在西方淨土，也不在南印度，而是就在我們浙江定海縣的普陀山。南海普陀山之得名，實係受了《華嚴經》所說補怛洛迦的影響而出現。《華嚴經》有晉朝佛馱跋陀羅所譯的六十卷本及唐朝實叉難陀所譯的八十卷本與般若所譯的四十卷本之三種。至於浙江定海的普陀山，本名梅岑，古時我國與日本、高麗、新羅等諸國來往，多取此島為轉站，以候風信揚帆。到了五代的後梁末帝貞明二年（西元九一六年），距今（西元一九六八年）一千零五十二年之時，有一位日本僧人，名叫慧鍔，來華求法，請到一尊觀音像，想帶返日本供養，誰知他的坐船經過舟山群島，卻被狂風惡浪阻住了歸程，傳說當時的海面伸出了許多鐵蓮花，船不能前航，被迫將聖像請上了一個小島，築了一所茅蓬來供養。觀世音菩薩與此島有緣，日子久了，朝拜的人日漸多了起來，終於更名為普陀山，成為中國佛教的四大名山之一，與文殊菩薩的五台山，普賢菩薩的峨嵋山，地藏菩薩的九華山，並美齊名。

又在西藏的佛教徒，相傳他們的民族是由觀音的化現所生，在西藏歷史上的名王及高僧，也都是觀世音菩薩的化身，現在的達賴喇嘛，仍被信為觀音的權現。他們相信世界如一朵蓮花，西藏的拉薩為蓮花的中心，為觀音的淨土，所以將達賴喇嘛的所居，命名為布達拉宮，布達拉之得名，則同我國普陀山之得名一樣，是由梵文的補怛洛迦而來。我們知道，西藏的民族，除了佛教之外，便沒有文化；也可進一步說，西藏的人民除了觀世音菩薩之外，佛教的信仰，便不能完成。所以，西藏的人民，雖然不能像喇嘛一樣地接受系統性的佛教教育，他們只要一位觀世音菩薩，就足夠安慰了。我們又知道，佛教有一個〈六字大明咒〉：「唵嘛呢叭彌吽」，這在中國內地的盛行，為時並不太古，它是元朝時代隨著蒙古人的崇信喇嘛教，而由西藏傳遍內地的，這就是西藏民間家喻戶曉的觀世音菩薩六字陀羅尼。在西藏民間，認為持誦〈六字真言〉的功效，可以大得不可限量，故在每逢節期，大家就持誦不息，平時遇到困難，便持誦真言。

如此看來，觀世音菩薩的道場，究竟是在印度，是在中國的浙江省？還是在西藏的拉薩？可謂莫衷一是。實則，我們對此問題，大可不必追問。我且試舉一例，比如有一居士，他是廣東梅縣的客家人，卻在上海長大，後到美國留學，得到碩士學位，又到德國留學，取得博士學位，回國後在北平一所大學教書，抗戰期間，又去重慶服務，後來他同我們一樣住在臺灣寶島。他也有語言天才，現在能操客家話、廣東話、上海話、北平話、四川話、臺灣話，外國語文則通曉英語、德語、法語、西班牙語。同時，他在宗教信仰方面，也有幾度的轉變，首先他是無宗教信仰的青年，到了美國，他信了基督教，到了德國又改信了天主教，到了臺灣又選定了佛教，做為他最後皈依處。

現在試問諸位，這位居士究竟是住在哪一處的？是說什麼話的？是哪一個宗教的呢？我們固然可說他的祖籍是廣東，是佛教徒。但這能夠包括他的全部嗎？因為他的一生，事實上曾在許多不同的地方居住，接觸了各種環境中的親戚和朋友。

同樣地，觀世音菩薩的化現，也因時機因緣的不同，而會在許多的地方出現。他的聖號叫作觀自在，他可以觀察眾生的需要而自在地到任一處所應現。

若據《大悲心陀羅尼經》等記載，觀音菩薩，乃是過去的「正法明如來」所現，他老早就是古佛，為度眾生而現菩薩身的。可知，乃至西方極樂世界的觀世音菩薩，也是方便的權現，而非他的根本道場，何況其他地方呢？佛陀以全法界——橫遍十方、豎窮三際為理體，觀音菩薩雖現菩薩身，但在密教的經中，已把觀音菩薩與阿彌陀佛合而為一，認為觀音是彌陀的因相，彌陀是觀音的果德，所以修持彌陀淨土法門的人，念觀音菩薩聖號，與念彌陀聖號的功德，是可以相輔相成的。至於他的道場在何處？實在不必追問，只要你修觀音法門，念觀音聖號，觀音菩薩就在你的面前，所以太虛大師曾說：「清淨為心皆補怛（普陀），慈悲濟物即觀音。」

## 四、觀世音菩薩的示現

在佛門課誦之中，有一首〈觀音讚〉，其中有四句話，很可借來一用：「三十二應遍塵剎，百千萬劫化閻浮。」又說：「千處祈求千處現，苦海常作度人舟。」

根據《阿彌陀經》所說，阿彌陀佛成佛以來，已經十劫，十劫的時間，對我們娑婆世界的凡夫眾生來說，的確是非常地長久，但在佛菩薩而言，實在微不足道。我們已知道，觀世音菩薩，將在阿彌陀佛滅度之後，繼承佛位，可是我們也知道，阿彌陀佛的壽命無可限量，所以又可譯作無量壽佛，要等阿彌陀佛涅槃入滅，實在尚有一個無法可數其年代的時間距離，足徵觀世音菩薩的悲願，與地藏王菩薩相當。地藏誓願：「地獄未空，誓不成佛；眾生度盡，方證菩提。」觀音救世，則選擇在無量壽佛之後方成佛道，不像一般的凡夫眾生，每希望向上爬得愈快愈好，在歷史上，甚至有王子謀殺了老王，使得自己早日登上國王的寶座。因此，前面所說「百千萬劫化閻浮」，百千萬劫，也只是無量數劫的一種表達方法罷了。閻浮，就是我們的世界。

觀世音菩薩用怎樣的態度和方式來廣度眾生呢？這就要說到「三十二應遍塵剎」了。三十二種應身，典出《楞嚴經》卷六，也就是觀音菩薩為了適應各種不同根性及類別的眾生，他可化現三十二種不同的身分，為之說法教化，那便是：佛身、獨覺身、緣覺身、聲聞身、梵王身、帝釋身、自在天身、大自在天身、天大將軍身、四天王身、四天王國太子身、人王身、長者身、居士身、宰官身、婆羅門身、比丘身、比丘尼身、優婆塞身、優婆夷身、女主身及國夫人命婦大家身、童男身、童女身、天身、龍身、藥叉身、乾闥婆身、阿修羅身、緊那羅身、摩呼羅伽身、人身、非人（有形無形、有想無想等的變化身）。

但在《法華經·普門品》，則舉出觀世音菩薩的三十三身，名目則與《楞嚴經》的三十二身大致相同，那便是：佛身、辟支佛身（即是獨覺和緣覺）、聲聞身、梵王身、帝釋身、自在天身、大自在天身、天大將軍身、毘沙門身（四大天王之一，印度又視為財神）、小王身、長者身、居士身、宰官身、婆羅門身、比丘身、比丘尼身、優婆塞身、優婆夷身、長者婦女身、居士婦女身、宰官婦女身、婆羅門女、童男、童女、天龍、夜叉、乾闥婆、阿修羅、迦樓羅、緊那羅、摩睺羅伽、人及非人等身、執金剛神身。

若據近世發現，梵文的《法華經》中，又只有十六身了：佛身、菩薩身、緣覺身、聲聞身、梵天身、帝釋身、乾闥婆身、夜叉身、自在天身、大自在天身、轉輪王身、鬼神身、毘沙門身、將軍身、婆羅門身、執金剛神身。

這些應化身的多少出入，不過是傳誦及翻譯者之間的詳簡增損而已，於觀世音菩薩的慈悲化現沒有影響，各經所舉，亦不過列其大略，實際上由於眾生千差萬別，可以隨著時代不同、環境不同、品類不同，而做千差萬別的身相來迎合眾生、教化眾生、救濟眾生。以上所舉的三十二身，或者三十三身，或者十六身，僅是適應佛陀當時的印度社會而說，如果佛陀在今天的中國來說《法華經》，一定會加入更多的身分，也會減略幾種身分的。因為，事實上的觀音菩薩，乃是隨類應化，無類不現，遍於塵沙法界。所謂法界，便是眾生身心的類別，眾生所處時間與空間的界限。觀音便是遍於一切、平等救濟的大菩薩，當然不能用有限的身分來概羅他所應機示現的身相了。可知，前面所說「千處祈求千處現，苦海常作度人舟」。所謂的千處，也僅是象徵性的一個形容詞，並非僅限於一千個地方求他，他就顯現，多了一處求他，他便不現了。苦海也未必就在海中，而是象徵眾生生死之苦的如海無涯。佛經的文字，請不要用計算器來分析它，因其經義往往是在文字之外的。

講到這裡，不妨順便一提，就是有好多教外的朋友們，往往討論到觀世音菩薩是男人還是女人的問題，甚至於廣播電台及刊物中也出現這個問題的討論。

我在十來歲時，就曾聽我父母兩人，對著觀音聖像爭論，父親說觀音大士一定是男菩薩，因為大士長有一雙男人的大腳，而且還是光腳板。母親則說，觀音大士才不是男菩薩哩，因為她要到處奔走，救苦救難，要是把腳纏成像我母親一樣的三寸金蓮，出遠門時，自顧不暇，哪還能夠救人呢？不過，母親的最大理由是，有好多人都稱觀音菩薩為觀音娘娘或觀音老母，並且觀音常常照顧婦女，為沒有子女的女人送來聰明智慧的子女。結果，當然是我的母親勝利。

實際上，在佛經中的觀音，例如《楞嚴經》及〈普門品〉所舉，為了化度眾生的需要，固可應現種種型態的婦女身，但也可現種種型態的男人身。觀音菩薩的本身，乃是相好圓滿的大丈夫，即如八十卷本《華嚴經》的卷六十八所說，印度南方海上，補怛洛迦山的觀音，便稱為「勇猛丈夫觀自在」，根據研究，中國的觀音聖像，在唐朝以前，是大丈夫相，唐朝以後，才有女相的觀音像出現。

將觀音做成女相，是由於觀音常現婦女身度人的緣故，據《觀音感應傳》中記載，在唐憲宗元和十二年（西元八一七年），陝右地方的人尚不知有三寶，有一天突由金沙灘上來了一位絕色美貌的少女，手提魚籃，到那裡賣魚，許多的男人，都為這個賣魚女的美豔傾倒，向她苦苦求婚，賣魚美女說：「我只一人，怎麼能嫁你們這許多的人呢？好吧，如果誰能在一夜之間背熟〈普門品〉的，就嫁給他。」第二天，能背者竟有二十人，賣魚女又說：「我還是不能嫁給你們二十個人，假使能在一夜之間背熟《金剛經》的，我就做他的妻子。」結果尚有十人能背。賣魚女再要他們在一夜之間背熟一部《法華經》，終於僅有一位姓馬的青年做到。但是萬萬想不到，在新婚之日，女的剛到新郎家裡，就患急病死亡，並且立即腐爛，只好馬上收殮埋葬。這位姓馬的青年，心中的悲痛，可謂到了極點。幾天之後，又來了一位僧人，勸他開棺看看，棺中並無屍首，僧人便告訴他說：「這不是什麼賣魚的女郎，實是觀世音菩薩的示現啊！」說完話，這個僧人也不見了。

由於這一應現，在觀音像中，就有女相的「魚籃觀音」，在《法華經顯應錄》中，又將之稱為「馬郎觀音」。此外，在許多的觀音靈感記載之中，示現女相的尚有極多。觀音為何常現婦女相？因為：第一，女人的苦難，自古以來，一直比男人多；第二，女人的特性，是慈和的，是柔忍的，例如偉大的母愛，在父性之中是不易多見的。所以觀世音菩薩的應現婦女身，乃是藉女性受苦之多以表現菩薩忍耐，藉女性的母愛以表菩薩的慈悲。尤其是於女人之身而深入婦女群眾，廣度多苦多難的婦女。同時，經中有言：「先以欲鈎牽，後令入佛智。」婦女之身可度女人及兒童；示現美豔的婦女之身，尚可廣度男人，比如剛才所說的魚籃觀音，便是一例；示現老婦人身則可接近廣大的人眾。

## 五、觀世音菩薩的形象

在人間應現的菩薩，必定是與人類相同的形象，最多是相貌比一般人莊嚴而已，否則他便不能接近人類，或人類縱然敬仰、敬畏他，也不敢親近他了。所以觀音應現度人的時候，被度的人往往是到事後才能發覺的，當時很難使人意識到是觀音的應現。

因此，曾有一位基督徒到一所佛寺中，問了一位法師：「你們佛教講慈悲，為什麼會有千手千眼的觀音像呢？手中拿了各種古代的兵器，膽小的人豈不要被菩薩嚇倒嗎？如果真有這樣的菩薩，他也該為自己改換一套新式裝備了，大砲、坦克車、火箭、原子彈，豈不要比那些古代的兵器威力大得多。」請問在座的諸位，我相信諸位之中絕多數是信仰佛教的，諸位，站在佛教的立場，當做如何解答？

告訴諸位，那位被問的法師，並未因此語塞，他很坦然地告訴那位基督徒，他說：我們佛教，在許多地方，都是採用象徵的手法，佛教既以所奉的聖像為佛菩薩的象徵，而不以為聖像即是佛菩薩的本身，那麼，千手千眼的觀音像，也是一種象徵的手法，千手是象徵觀音菩薩的大悲願力，縱然全宇宙的眾生在一時間同時祈求觀音，他老人家也能同時以各種不同的方式，救濟全宇宙的眾生。可見，說他有千手，尚不能形容其救濟力量之無遠弗屆及無微不至於萬一。千眼是象徵觀音菩薩的無限智慧，他能在同時知道全宇宙的眾生，對他發出各種不同的祈求，也能同時決定各種不同的救濟方法，若以他實際的觀察能力而言，說他有千眼，也是不能形容其智慧程度於萬一的。所以，觀音像的千手千眼，乃在表徵菩薩的大悲及大智，手中各種兵器的是否落伍，並不值得我們去計較。

至於千手千眼的來歷，據《大悲心陀羅尼經》說，觀世音菩薩，過去在千光王靜住佛時，教他受持〈大悲咒〉之後，觀音菩薩便發了一個大願，他說：「若我當來，堪能利益安樂一切眾生者，令我即時身生千手、千眼具足。」這個大願一發，果然生了千手千眼。實則這也是一種大願力、大智慧的象徵，當然，如以菩薩的神通力，化現一個千手千眼之身，也絕不是困難的事。所以在必要之時，他會顯現異乎常情的身相。例如在中國梁武帝時代的寶誌大士，就曾在當時名畫家張僧繇的面前，現出十二面觀音，妙相莊嚴，或慈或威，使得受了梁武帝之命來為他畫像的張僧繇，不能畫出來（見於《佛祖統紀》）。

其他在《楞嚴經》卷六中，尚有四臂、六臂、八臂、十臂、十二臂、十四臂，乃至四十臂、一百零八臂、千臂、萬臂、八萬四千臂；二目、三目、四目、九目，乃至一百零八目、千目、萬目、八萬四千清淨寶目。

由於觀音應現及其形象的差異，在許多佛典中，就有好多不同的數量分類。

《摩訶止觀》卷二上，舉出六種觀音：大悲觀世音、大慈觀世音、天人丈夫觀世音、大梵深遠觀世音、師子無畏觀世音、大光普照觀世音。

《諸尊真言句義鈔》，舉有十五種觀音。

《千光眼觀自在菩薩祕密法經》，舉有二十五種觀音。

普通於《佛像圖彙》中，則有三十三種觀音像。

凡此各種分類數量，無非出於各時編集者所收的不同，例如魚籃觀音像，在唐朝以前，這個靈感事蹟尚未發生，所以不會有的。

講到這裡，觀世音菩薩的主題，我們已經講完，最後我要奉勸諸位：諸位來聽聖嚴講觀世音菩薩，是在了解觀世音菩薩的偉大精神，及其自度度人的偉大法門，我們若能以自己的信仰行為和願力向觀世音菩薩學習，便能更容易與觀世音菩薩的願力相應，更容易得到感應。臨時遇到苦難時向觀音菩薩求救，菩薩固然會來救你，可是，假如平時不念觀音聖號，臨到苦難來時，恐怕會想不到念觀音聖號了。所以，觀音菩薩雖是有求必應，你不求他，他是不應的，因為感應是從虔誠的信仰中產生的。

最要緊的，我們念觀音聖號，勿存功利觀念，菩薩不會由於你許了為菩薩裝金的願，而助你去做損人利己的壞事，你來供養三寶，應當是出於清淨的求福之心。你之常念觀音聖號，觀音固然會在冥冥之中，隨時給你保護，你卻不一定老是為求菩薩在物質生活上給你幫助，應該更進一步地向人格的內心下工夫。所以〈普門品〉中告訴我們：「若有眾生多於婬欲，常念恭敬觀世音菩薩，便得離欲；若多瞋恚，常念恭敬觀世音菩薩，便得離瞋；若多愚癡，常念恭敬觀世音菩薩，便得離癡。」

最後，祈願大慈大悲的觀世音菩薩，保佑諸位，身心健康，福智增長，同成佛道。同時，謝謝諸位的光臨。

（本文講於一九六八年三月十七日善導寺第二十二次佛教文化講座，並刊載於《佛教文化》季刊九期，一九六八年五月一日）

## 六、觀世音菩薩的法門

觀音法門很多，大致分為顯、密二門，密法多用觀想，必須身、口、意三業齊修，修學者必須師師傳承，師弟親授，修行時必須供養、作觀等儀軌壇場，而且不是短時間能夠成辦。顯法則不拘形式，不限時地，不擇師資，只要持之以恆，必有效驗。所以本文僅將人人可修的觀音顯法，介紹如下，願十方大眾，人人擇一而修，祈觀音加護，處處皆成佛土。

## （一）《楞嚴經》的耳根圓通法門

這是修定發慧的方法，出於《楞嚴經》卷六：「於時有佛出現於世，名觀世音。我於彼佛，發菩提心，彼佛教我，從聞、思、修入三摩地。初於聞中，入流亡所；所入既寂，動靜二相，了然不生。如是漸增，聞所聞盡；盡聞不住，覺所覺空；空覺極圓，空所空滅；生滅既滅，寂滅現前。忽然超越，世出世間，十方圓明，獲二殊勝：一者，上合十方諸佛，本妙覺心，與佛如來同一慈力。二者，下合十方一切六道眾生，與諸眾生同一悲仰。」

此一法門的修法與層級段落，已經非常清楚，不過初修之時，未必人人能夠得其要領，所以我在教授初入門者的初步修法，稱為「聞聲音法」，共分四個步驟：1.專念普聽一切聲音，不選擇對象，不分別對象，由大至小，由近至遠，不以耳根去聽，乃讓聲自來。2.知道自己在聽聲音，也有聲音在被自己所聽，此時只有聲音和自己的和應，沒任何雜念現前。3.僅有聲音而忘失了自己，自己已融入無分別、無界限的聲音之中。4.聲音與自己雙亡雙照，雙亡則無內外自他，雙照則仍歷歷分明，故與世間的四禪八定的僅存獨頭意識的境界不同，也與小乘的滅受想定有異。經此四階，再對照《楞嚴經》的耳根圓通法門，繼續用功修行。

## （二）《心經》的照見五蘊皆空法門

《心經》開頭便說：「觀自在菩薩，行深般若波羅蜜多時，照見五蘊皆空，度一切苦厄。」

這是觀音法門中大、小乘共通的基礎，也是大乘的極則。即是用分析的方法，觀察眾生及眾生所處的環境，包括色法的物質世界和心法的精神世界，不出五類，物質的色法，即是眾生的身體及身體所賴以生存活動的環境，精神的心法，即是心理的活動，以及其動因、動力、動的結果，此結果又成為另一循環的動因，佛學專有名詞，稱之為心念、稱之為識。凡動皆由於因，凡動皆產生果，其間動的作用，稱為造業，造業的結果，稱為業力的感受果報。如果眾生能洞察，五蘊所成的世界，無一是真，無一能常，便不起貪瞋等執著，不執著的當下即能不受貪瞋等的煩惱所苦，便能不再繼續造循環不已的生死業，便能雖處生死，而離一切苦了。觀自在菩薩是以甚深的智慧力，直下徹見五蘊的世間法，無非是空。小乘知空而不住有，所以出世；菩薩證空，連空亦無，所以入世。凡夫未證五蘊皆空，所以戀世、迷惑、困擾、不知何去何從，而又事事執著，處處煩惱。

## （三）《法華經．普門品》的持名法門

〈普門品〉云：「佛告無盡意菩薩：善男子，若有無量百千萬億眾生，受諸苦惱，聞是觀世音菩薩，一心稱名，觀世音菩薩，即時觀其音聲，皆得解脫。」

接著說明，若稱念觀世音菩薩名號，即能入火不燒、入水不淹、惡鬼遠離、刑器自毀、怨賊消退、除一切障、免一切難、滿一切願、成就一切福德，而且隨類應現，處處化身，救苦救難，無求不應。

這是最平易近人，人人可修，時時可修，處處可修，效驗也最彰著的一種法門。只要持之以恆，信之懇切，有事無事都可稱念的法門。

## （四）《大悲心陀羅尼經》的〈大悲咒〉修持法

此經屬於密教部類，卻是一種素樸的密法，雖無上師傳承，人人也都可以

修持。該經中說：「觀世音菩薩重白佛言：世尊！我念過去無量億劫，有佛出世，名曰千光王靜住如來，彼佛世尊，憐念我故，及為一切諸眾生故，說此〈廣大圓滿無礙大悲心陀羅尼〉，以金色手，摩我頂上，作如是言：『善男子！汝當持此心咒，普為未來惡世一切眾生，作大利樂。』我於是時，始住初地，一聞此咒故，超第八地。」

此咒是觀世音菩薩，在無量劫前的千光王靜住佛處初聞，一聞此咒，頓從初地越登第八地。而且受命普為未來惡世的一切眾生，以此心咒，作大利樂。嗣後觀世音菩薩又於無量的佛前，無量法會之中，重聞此咒。由於誦持此咒，故所生之處，恆在佛前，蓮花化生。該經宣稱：若能深信不疑，誦持此咒，可得無量利樂。例如臨命終時，十方諸佛，皆來援手；不墮三惡道；生諸佛國；得無量三昧辯才；現在生中，所願皆遂；轉女成男；消滅侵損常住的重罪；能除十惡五逆、謗法謗人、破齋破戒、破塔壞寺、偷僧祇物、汙淨梵行等罪；能得十五種善生，並除十五種惡死。

又說此咒的相貌，即是大慈悲心、平等心、無為心、無染著心、空觀心、恭敬心、卑下心、無雜亂心、無見取心、無上菩提心。所以誦持此咒，即能通達外道典籍，能治世間八萬四千種病，能降一切天魔鬼神，能伏一切山精、魑魅魍魎，而能感得一切善神、龍王、金剛力士，常隨衛護。持此咒者，不論在何時何處，若有任何恐懼、災難、危險、迷路、病變、煩惱業障，確可應驗化解。所以名為廣大圓滿、無礙大悲、救苦、延壽、滅惡趣、破惡業障、滿願、隨心自在、速超上地。

〈大悲心咒〉，簡稱〈大悲咒〉，共有八十四句，到處可以請到，此處不錄。根據此經的要求，誦持此咒者，也有規定：要發廣度眾生的大菩提心；身持齋戒；於諸眾生，起平等心；常誦此咒不斷。並且要求：住於淨室，沐浴淨衣、懸旛燃燈，香華及各味飲食，供養觀世音菩薩，然後攝心靜慮，不起雜念，如法誦持。這種規定，即是儀軌。若能如法如儀，當然最好，否則，至少也當以恭敬心及專注心來誦持此咒，若能恭敬專注，必能有願皆成。

## （五）〈六字大明咒〉

〈六字大明咒〉，即是「唵嘛呢叭彌吽」，在中國的流傳，始於元代，是跟著西藏及蒙古喇嘛密教的傳入而到漢地，故在元朝以前的佛教文獻中，尚未見到，至清初已被收入《禪門日誦》所錄十小咒內。然在蒙藏喇嘛教的化區，此咒是一般信徒經常持誦的法門，即是表徵觀世音菩薩利益六道的神咒。

（六）〈白衣大士神咒〉

此咒的出現和流傳，為時更遲，不知出於何經，為何人譯出，大概是出於大士化現時為某人所授的法門，而非來自印度的傳譯。內有「天羅神、地羅神、人離難、難離身，一切災殃化為塵」的句子，相當俚俗化，近於道、佛相融的民間信仰。可見，其中的皈敬三寶，皈敬觀世音菩薩，皈敬摩訶般若波羅蜜，乃是自古即為佛教徒們日常持誦的內容，所以靈驗非常顯著，民間的傳誦也極為普遍。並以持誦一萬二千遍為一願，一願不成再持二願乃至多願，必得成就。滿願後即當印施此咒一千二百張。此咒的內容是：

南無大慈大悲救苦救難廣大靈感觀世音菩薩（三稱三拜）

南無佛　南無法　南無僧　南無救苦救難觀世音菩薩

怛垤哆　唵　伽囉伐哆　伽囉伐哆　伽訶伐哆　囉伽伐哆　囉伽伐哆

娑婆訶
天羅神　地羅神　人離難　難離身　一切災殃化為塵　南無摩訶般若
波羅蜜

此咒文見於早期的大陸時代，僅僅於一張紙上，印刷白衣大士像、咒文、六百個小圓圈，以備持誦者每誦二十遍點一圓圈的計數之用。目前則有人參考了〈大悲咒〉持誦法而為之加上了持誦的規則，而謂欲持誦此咒者，宜先在大士像前，沐手焚香、恭敬供養、至誠頂禮，誦畢則發願迴向。凡為正當心願，如求癒病、消災、解厄、求福、求職、求子、求延壽等，均有奇驗。

（本節補述於一九八六年九月二十四日）

## （七）《延命十句觀音經》

此經係《高王觀世音經》的精簡本，同出於古人的夢中傳授。《高王觀世音經》早在東魏時代即已傳出，《延命十句觀音經》則出於劉宋元嘉二十七年（西元四五〇年）。據趙宋時代四明志磐於西元一二六九年撰成的《佛祖統紀》卷三十六所載：「（元嘉）二十七年，王玄謨北征失律，蕭斌欲誅之，沈慶之諫曰：『佛貍（魏世祖小子）威震天下，豈玄謨所能，當殺戰將，徒自弱耳。』乃止。」不僅未遭刑戮，後來官至開府，年八十二，壽終正寢。王玄謨如何得此際遇？乃由於受誅之前，夜夢異人，告以若誦《觀音經》千遍，可免死難，並口授經文十句：「觀世音，南無佛，與佛有因，與佛有緣，佛法相緣，常樂我淨，朝念觀世音，暮念觀世音，念念從心起，念念不離心。」（《大正藏》冊四十九．三四五頁中—下）

這部觀音經，雖出於古人的夢中感得，並非傳譯自印度，以其僅僅十句，已具足三寶及觀音的持名念法，故迄趙宋乃至清初，仍受到佛教界的普遍傳誦。特別是相當於中國清初的日本江戶時代的白隱禪師（西元一六八五—一七六八年），為了弘揚此經，搜羅資料，編寫了一部《延命十句觀音經靈驗記》。近代的日本著名禪匠原田祖岳，也寫了一部《延命十句觀音經講話》。而在我國，竟又很少有人知道此一法門，所以樂為介紹，普勸誦持。

## （八）結語

從以上列舉的七種法門，可知觀世音菩薩的救苦方便，有深有淺，有本有末。《楞嚴經》的「耳根圓通」，是用禪定的觀法而達到徹悟究竟的目的。《心經》的「五蘊皆空」，是用觀照世間無常無我的方法，以證般若實相。這二部經是要眾生還歸法性而與佛同體，除一切煩惱而親見本來面目。〈普門品〉的持名，則強調觀世音菩薩的救濟，重於解脫現實人間的苦惱。〈大悲咒〉的持誦，則雖重在現實疾苦的解除，也說因此而得「蓮花化生、恆在佛前」。持誦〈白衣大士神咒〉的功能，幾乎全是為了現世的利樂，所以更為民間化和普及化的法門了。

不過，任何一種法門，不論其層次高下，只要不謗三寶，不違背因果原則，都應受到發揚。而且，一般人信佛學佛的初階，多是從求現世利益及現前幸福開始的，種下善根之後，逐步聽聞佛法，漸漸提高層次，便會修習《心經》及《楞嚴經》等所示的法門了。因此，〈白衣大士神咒〉雖近似民間信仰，畢竟仍是佛法中的一個層次。

（一九八七年一月二十日再次補述）

# 念佛與助念

## 一、念佛的方法

### （一）共修念佛

各位蓮友：當你們要來寺院念佛的那一天，應該從早上就開始做好身心的準備。這一天最好能不吃葷腥，至少也只吃肉邊菜，並且不抽菸、不喝酒。萬一無法做到，或是到了晚上才想到要來共修念佛，而當天未茹素，沒有關係，不要因此就不來，來了總比不來更好。

來參加共修念佛時，一入寺院就要輕聲細語，若無要事，最好不說話。已備海青者，先在玄關或客廳裡把海青穿好，然後進入佛殿，找好位置拜佛，一邊拜一邊默念「南無阿彌陀佛」，聽到集眾的鼓聲，便停止禮佛，排班站好。未穿著海青者，站於後排。

念佛開始時，先唱〈讚佛偈〉。如果不會唱，就輕聲地跟著別人唱，唱過幾次以後，自然就會了。〈讚佛偈〉後，接著念佛、繞佛，念佛時先念「南無阿彌陀佛」六字洪名，這時要注意腳步是否與佛號的節拍相符，步伐要跟著木魚的節奏而移動，不可錯亂。要能做到天如惟則禪師所說的「口與心聲聲相應，心與佛步步不離」。念佛時，聽著大眾的聲音，而不是自己的聲音。把自己的心專注在大眾規律的念佛聲中，不起任何雜念和妄想。假使還有些微雜念，也不用在意它，若能大聲念，精進勇猛地念，那些念頭就會愈來愈少了。《樂邦文類》卷四所錄慈雲遵式的「念佛方法」有云：「若恐心散，須高聲疾喚，心則易定，三昧易成。」又云：「大聲稱佛，雖少而功多；若小聲稱佛，雖多而功少。……故今特示此法，切勸凡念佛時，一心不亂，高聲唱佛，聲聲相續，不久成功也。」

繞佛時，不得東張西望，目光自然下垂，若有若無地看著前面一人，順著節拍，沉穩地向前走。別理會已走到什麼地方，也不要注意別人怎麼走，此刻的身、口、意，應該是專注而一致的。等到轉念四字佛號「阿彌陀佛」時，腳步仍然配合著木魚的聲音走，敲二下木魚移動一步。此時心裡依然保持平靜，同時要一面聽大眾的念佛聲，一面隨著稱念佛號，不可只聽別人念而自己不念。

印光大師的〈示念佛方法〉有云：「當攝心切念，……當攝耳諦聽，無論出聲、默念，皆須念從心起，聲從口出，音從耳入。心口念得清清楚楚，耳根聽得清清楚楚，如是攝心，妄念自息矣。」

繞佛後是「坐念」，坐下前先向上問訊。接著以打坐的姿勢坐下，盡量使腿腳等任何部位，不感到不舒服為原則。把腰挺直而不是挺胸，小腹放鬆，不要仰頭或低頭，如果小腹放鬆後，無法念佛，則不管小腹，而以能念佛為先決條件。

止靜時，坐的姿勢不變。但要把身體和頭腦放輕鬆，氣沉丹田，舌尖輕抵上顎，眼睛微睜，亦可閉上。繼續不斷地默念四字佛號，不斷觀想極樂世界的依正莊嚴。此如《文殊說般若經》所云：「能於一佛，念念相續。」又云：

「善男子、善女人，欲入一行三昧，應處空閑，捨諸亂意；不取相貌，繫心一佛，專稱名字。」專注念佛而斷一切雜念，故如《般舟三昧經》云：「心有想為癡，心無想是涅槃。」

默念的速度要適中，不要太快，也不要太慢；太快了會緊張，太慢了易生妄想，一直不停地默念。此時也可採用十念記數念佛法，如印光大師〈示念佛方法〉所說：「所謂十念記數者，當念佛時，從一句至十句，須念得分明，仍須記得分明，至十句已，又須從一句至十句念，不可二十、三十。隨念隨記，不可掐珠，唯憑心記。若十句直記為難，或分為兩氣，則從一至五，從六至十。若又費力，當從一至三，從四至六，從七至十，作三氣念。念得清楚，記得清楚，聽得清楚，妄念無處著腳，一心不亂，久當自得耳。」此本可做出聲、默念的兩種用法，甚至行住坐臥，無時不宜，唯靜坐默念時效果更佳。此法乃係參考五停心的數息法而來，所以對於初心念佛者，最能攝心。

### （二）平時念佛

本寺的念佛會一星期只有一次共修，所以，共修念佛固然重要，平時念佛也很重要。平時念佛可分三種：1.是方便工作忙碌或公務繁劇的在家居士修行的晨朝十念法門。即是每日朝起後，修十念念佛。此含有多種方式：如宋朝遵式大師教令盡一口氣念十句佛號，又元朝天如惟則大師則云：「每日清晨，面西正立合掌，連聲稱阿彌陀佛，盡一氣為一念，如是十氣，名為十念。」或以數口氣念十句佛號等。2.是晝夜不離佛號，不論在何時何處或做任何事，心中經常以「阿彌陀佛」的聖號為主要念頭。此如永明延壽大師，日課佛號十萬句。是以上兩者的折衷，得閒即念佛，事忙則做事，以免心分兩頭，如此則仍有很多機會念佛。專心念佛時，不計環境淨穢，不論工作貴賤，在清除垃圾、打掃廁所乃至正在排便排溺時，也無不可念佛。唯有在須用思考、分析、聽講時，不便念佛，因為一念佛就無法專心了。但若能達到永明延壽禪師的程度，則隨時隨地都可以念佛，只是這必須經過長時間的訓練，否則是辦不到的。

晚上就寢時，最好的姿勢是右脇臥，心中觀想光明相，全身放鬆，心裡默念佛號，直到入睡。若能持之以恆，久而久之，即便在睡夢中，也照樣能念佛。萬一忘了念佛，那麼，醒來之後，即刻把身體的臥姿調整好，再舒舒服服地躺下，繼續觀想光明相，並持念佛號。一旦觀想光明成功，那將不是在迷迷糊糊的情況下睡著，而是睡在清涼自在的光明世界中。而且很容易就能消除疲勞，並使精神飽滿，身心愉悅。像這樣，醒時既能作主，睡中也能作主。如此念佛，還有不生淨土的道理嗎？

## （三）念佛三種人

念佛的人有三種：

第一種人，是為了要改變自己的命運，或是使家人開智慧得平安。此乃消災祈福，解怨釋結。

第二種人，是為了人間苦多樂少，生命危脆，所以求願往生西方極樂世界。待至位階不退，再入娑婆，廣度眾生，成就無上佛果。

第三種人，相信自性彌陀，唯心淨土，此如禪宗四祖道信大師所說：「若知心本來不生不滅，究竟清淨，即是淨佛國土，更不須向西方。」五祖弘忍門下諸師，則多用「齊速念佛名，令淨心」。他們念佛，都沒想到求生西方，但是每次念佛，都感到身心寧靜，煩惱減少，而且自己的心力愈來愈能與佛的慈悲願力相應。此正是《觀無量壽經》所說的「是心作佛，是心是佛」的體現。

這種人在日常生活中，不但自己能得到利益，其他有關的人亦能因他而獲得利益。這就是因為念佛恆常不斷，最後必得念佛三昧，必發悲智願行。這一等人，雖不求生淨土，但亦不得不生。得到念佛三昧時，心外無佛，佛外無心，不一不二，那時，時時處處都能見佛在說法，時時處處無非極樂國土了。

依佛法來說，第一種人，仍屬於人天善法，所謂民間信仰的層次；第二種人是正信的佛子；第三種人則是上乘的利根。由於眾生的業深障重，在修行淨業時，一開始即以第三種人自居，是不安全的，也是不切實際的；然而僅以第一種人的立場來念佛，所求又太少了。以第二層次來修念佛法門，是最落實可靠的，既可深植善根而臻於上乘，又能兼得消災植福的現世利益。

（一九八六年三月二十二日於農禪寺福慧念佛會開示，陳明霞居士錄音整理）

## 二、念佛法門的層次

修學念佛法門可分兩種層次：第一種是求感應；第二種是不求感應。但是，若不從第一種開始，而直接修學第二種方法，可能有些人比較不容易做到。今天有人問我：「《六祖壇經》裡禪宗的六祖惠能大師說：『東方人念佛求生西方，西方人念佛要到哪裡去？』這句話是不是反對淨土？」我回答：「不是的，因為淨土法門是三根普被，程度淺的人修淨土，程度較高、根器更深厚的人也是修學淨土，只是態度不一樣罷了。」

初機學佛的人，如果不求感應，由於信心不足，很容易起退心，修不了多久就會說「沒有淨土，不想生淨土」等等的話，也不想繼續修行了。如果首先告訴他淨土佛國是實有的，佛經所說是絕對可信的，特別是阿彌陀佛以本願力度一切眾生是最可靠的，凡是相信彌陀法門，持念彌陀聖號，願生彌陀國土者，當來必定往生彼國。假如一個人沒有生死自主的力量，甚至連主宰自己身心的力量都很薄弱，就說有把握達到禪宗六祖那樣的程度，這種人自信雖然可嘉，可惜沒有實證的自信，只是虛驕、狂妄、不切實際而已。所以勸導初機學佛的人，修淨土念佛法門，依彌陀願力求生西方淨土，是最可靠最安全的。

有些年輕人，誤認為念佛是為老年人而說的法門，至於年輕人，在世界上正準備做很多的事情，大概沒那麼快就離開人世間，又何必急著念佛求生淨土呢？可是，誰有把握自己能活到幾歲？更何況，求生西方只是一個願望，誰說念佛的人一定會立即死亡？生西方淨土，是極終的目標，卻不是說現在念佛現在便去；等到要去的那一天才念佛，恐怕已無力念佛了，所以在平時就得先做好準備。

再說，平時念佛，心向西方淨土，也有現世的利益可得。阿彌陀是梵語音譯，義為無量壽與無量光。所以《觀無量壽經》說：「若念佛者，當知此人，即是人中芬陀利華（蓮花）。」又說佛的「光明遍照十方世界，念佛眾生，攝取不捨」。如能一心稱念佛名而得念佛三昧，則如《大智度論》所說：「念佛三昧能除種種煩惱及先世罪。」念佛不僅為求臨終往生淨土，也能消除現世煩惱及先世的罪障，而得種種利益。念佛者既如人中的蓮花，則何愁不得健康長壽、幸福和樂、吉祥如意、受人尊敬等等的利益呢？這都由於念佛的人，心向著佛，而有淨化身心、莊嚴環境的力量的緣故。比如《大阿彌陀經》所見第二十五願：「光明照諸無央數天下幽冥之處，皆當大明，……見我光明，莫不慈心作善。」又第四十六願：「聞我名號，皈依精進，皆逮得普等三昧，至于成佛，常見無量不可思議一切諸佛。」繼續不斷地念佛，如能念到不念而自念，念到自己和阿彌陀佛互相交融、不分彼此的時候，雖然還沒有死，實際上已經是在極樂世界了。極樂世界在哪裡呢?經上說:從此土向西方,距離十萬億個佛土之外。可是當我們念佛念到非常純熟的時候,自心之中自會現出阿彌陀佛的極樂國土。如《觀無量壽經》云:「於現身中得念佛三昧」,「見此事者,即見十方一切諸佛。」可見,彌陀淨土的清淨莊嚴、解脫自在,都可以在未死之前的心地中出現,雖然彌陀的四十八願,多半是為成就西方的極樂國土,以及接引眾生往生彼國而發。所以淨土雖泛指諸佛國土,而諸大乘經中,獨對彌陀淨土的讚揚最多。

念佛而不求現世利益,也不求往生西方淨土,那必定另有殊勝的方便才可以,否則念佛而沒有目的,為什麼又要念佛?禪宗的四祖道信禪師、五祖弘忍禪師及其弟子神秀禪師,都講到念佛法門。道信的《入道安心要方便門》有云:「念佛心是佛。」並引《觀無量壽經》:「是心作佛,是心是佛。」根據《傳法寶紀》所說:「忍、如、大通之世,則法門大啟,根機不擇,齊速念佛名,令淨心。」也就是說五祖弘忍及其弟子法如、大通(神秀)等,都用念佛法門普遍接引群機。到了六祖惠能的《壇經》,主張「不染萬境而常自在」的「無念」,實即是四祖以來所稱「念佛心是佛」的表現。不過,不用稱名念佛做下手工夫而能做到心「不染萬境而常自在」，的確不容易。所以弘忍門下，四川淨眾寺的智詵（西元六〇九－七〇二年），其弟子處寂（西元六四八－七三四年），三傳新羅無相，教人修行的方法有三個步驟：1.引聲（盡一口氣）念佛；2.開示；3.坐禪（見《曆代法寶記》）。另有同為弘忍門下的四川宣什宗，圭峰宗密的《圓覺經大疏鈔》卷三之下，稱為「南山念佛門禪宗」。以「念一字佛」做為「淨心」方便，印順法師指出，這是從《文殊說般若經》的「念一佛名」而來的（《中國禪宗史》一五六頁）。這些都是與六祖惠能及其二傳、三傳弟子們同時代的禪門人物。只有馬祖道一、石頭希遷等及其派下諸系的禪師，便不念佛而專事提倡「見本性為禪」的法門。唯其易生濫凡為聖、混染為淨的流弊。故有華嚴宗四祖清涼澄觀（西元七三八－八三九年）的《華嚴經疏鈔》所舉念佛的五門方便；華嚴五祖圭峰宗密（西元七八〇－八四一年）的《行願品疏鈔》也舉出了四種念佛法門；禪宗的永明延壽（西元九〇四－九七五年），著《萬善同歸集》，以伸張念佛法門是萬善眾行的總攝，權實雙行，空有並收，普應一切根機，此為後來開出禪淨一致的廣大法門。散心念佛者，可藉彌陀願力，求生樂邦；專心念佛而得三昧正定者，可即自心而現佛土佛心。人雖有不同的根機，確都有以散心念佛而到專心乃至到達惠能大師所說「無念、無相、無住」的程度。可是，若尚不能達到「不染萬境而常自在」的程度，便反對念佛法門，或拒修念佛法門，甚至妄稱「無佛可念，無淨土可生」，那就太不切實際，而且也不真知淨土念佛法門的慈悲廣大。因此，我要勸告諸位，修念佛法門的學佛過程，最好還是逐步向前。初機者一定要相信實有極樂世界，一定要發願往生西方淨土，這樣的話，才不致兩頭落空；自心的淨土未現，尚有西方淨土可去，這豈不是安全又可靠的辦法呢？

淨土是一切法門共同的歸宿。雖然歷代各宗的大善知識，對淨土的認識和說明，各有不同的層次，但畢竟不離淨土。相傳為天台智者大師所撰的《五方便念佛門》提到：1.稱名往生念佛，2.觀相滅罪念佛，3.諸境唯心念佛，4.心境俱離念佛，5.性起圓通念佛。華嚴五祖宗密大師所舉四種念佛法門是：1.稱名，2.觀像，3.觀想，4.實相。宋朝的知禮主張「約心觀佛」；大行及道鏡二師強調「信心念佛」；法照等師主張「高聲念佛」；道綽、善導、懷感、慈愍諸師，均主張坐禪、誦經、懺悔、十念稱名念佛。明末蓮池大師的持名念佛，分作事持的稱名、理持的體究；蕅益大師將念佛分作三類：1.念他佛，2.念自佛，3.俱念自他佛。他也說持名念佛有事持與理持：事持如子憶母，決志求生西方淨土；理持是信西方彌陀乃我心具，是我心造。

佛國淨土也有多種層次，《成唯識論》提出四種：1.無色無相的理土，2.實佛自受的報土，3.佛為初地以上菩薩所現的報土，4.佛為小乘凡夫及地前菩薩所現的化土。天台宗也說有四土：1.凡聖同居土，娑婆是同居穢土，極樂是同居淨土；2.方便有餘土，為小乘聖者所居；3.實報無障礙土，親證法身的菩薩所居；4.常寂光淨土，唯佛所證的法性土。彌陀淨土究竟屬哪一層次？淨影寺的慧遠、三論學者吉藏，以極樂世界為應化土。攝論學派的諸師，依據攝論等的見解，主張彌陀淨土是報土。天台宗則以之為凡聖同居的淨土。蕅益大師主張依據持名念佛的斷惑多少，而生四種層次的淨土，也就是說，彌陀淨土分為四等，由持名而帶惑往生與斷惑往生的不同，便生不同的淨土。由此可見，念佛的法門有深淺，淨土的層次也有高下。誰敢說學佛而不念佛，又有誰敢說修行而不生淨土呢？

最後，我還是勸大家好好念佛，不管程度如何，最好是把自己當成初機的鈍根，若心存虛驕，就是不切實際，明明是凡夫，偏偏以聖人之位衡量自己，不僅僅是增上慢，還很可能是大欺誑。因此說，念佛法門是三根普被，利鈍皆收，絕不是騙人的話。願諸位蓮友能好好念佛，求生西方淨土，每週六都要來參加念佛會的共修，同時還要帶動親友們一起來修行，使得七寶池中的蓮花愈來愈多。蓮花分九品，希望大家品品高升，均臻上品上生，念佛要精進不懈，蓮花才會愈開愈大，不僅共修時要念，平常也要念。共修時念佛，能集大家的力量成為支持每一個人精進的力量，所以很重要；平常念佛，則能繼續增長你的信心、願心、深心。

（一九八六年三月八日於農禪寺福慧念佛會開示，陳果益居士整理）

## 三、「報恩佛七」的意義

最近我收到一封來自法國的信函，這是一位教授所寫的，他認為我這麼忙還能寫書、出書，一定是個身體強壯、精力充沛的人。我回信告訴他，我從小就是一個多病鬼，沒有一天不生病，只是為了報答三寶的恩惠，我還是用這個多病的身體來還我的「草鞋錢」。所謂「草鞋錢」，就是在修行過程中得自他人的各種幫助以及三寶的加持。為了報答這些恩惠，我盡自己的力量去做，這就是所謂的「報恩」。

只要我們從佛法中得到過一點受用，就應該「報恩」，因為得自佛法的利益，比世間上的一切知識學問、物質財富都更加可貴。因此我們要利用時間好好「修行」，以報答三寶的恩。

修行如何能報恩呢？修行，可以將我們向上的心力普及到每一個眾生的身上去。如果不修行，那你的心就會和三惡道的貪、瞋、癡相應，相反地，只要肯修行，你的心也就趨近於佛法的戒、定、慧。一是光明面，一是黑暗面，而我們這世界，只要有一個人知道「佛、法、僧」的可貴，肯去修行，這個世界的光明就存在，更何況我們現在有這麼多的人，在此做「七天」的精進修行。

在佛法上要報的恩有四種：1.是三寶恩，2.是國家恩，3.是父母恩，4.是眾生恩。

第一種是「三寶恩」：其實三寶恩是無法報的，而三寶本身也不需要我們報恩，只是我們以「報恩」為目標來修行。

第二種是「國家恩」：今天我們能夠在此安居樂業，這都是國家的恩惠所賜，如果國家不安定，我們又如何能平安度日呢？所以，我們希望國人不要做姦犯科，製造動亂，也沒有來自外國的欺凌和侵略，願政府有賢明的官員來領導，人民個個健康，社會處處安定；這些我們都可以用「修行」來祈禱，使我們的國家風調雨順、國泰民安。這是我們報答國家恩的方法。

第三種是「父母恩」：父母有現世父母和過去世的父母。過去世的父母，我們無法知道，但現世的人，縱使是孤兒，也由父母所生，並有人將其扶養長大。所以，還是要報父母恩。

普通人只在父母去世後，才遺憾父母在世時未能克盡孝道；能夠於父母健在時，即已思及父母年邁，來日無多，必須好好照顧和孝順的人，實在是太少了。所以「清明報恩佛七」，除了超度過去世的父母外，也要為現世的父母祈求健康。我們可用三寶和共修的力量為父母祈福，這是辦得到的。

個人修行猶如一根紗，很容易被扯斷，如果許多人一起修行，就像許多紗結合在一起，變成堅韌的繩索，那力量就很大了。其中的每一個人，都能因此獲得整體的力量。因此，我們為報父母恩，還是以「共修」的方式，功德最為殊勝。

第四種是「眾生恩」：「眾生」是什麼人？可能是你的兒女、親友、部屬，甚至怨家以及其他的人；凡是對我們的生命過程中有過幫助的都是。我們常聽人說：「遇到貴人。」而「貴人」往往只是普通的人，只要他曾替你解決問題，啟示過你，以致轉變了你的命運，他就是你的貴人。因此，我們要報「眾生恩」，必須將所有的人，都視為恩人。

想想我們從小到大，不知接受過多少人的恩惠；佛法說：「眾緣和合所生。」任何事的完成，都是集合了許多人的力量，個人所能提供的，實在很有限。所以，在寺院用齋後，都要感謝所有布施的施主，並祝福他們「有願必成」。

至於在家居士是否也有施主呢？或許有人認為他的一切都是自己賺錢買來的，但是人類社會是一個互助的環境，雖然是用自己的錢買的，也還是要有感謝心；若是別人不賣東西給你，你有錢又如何呢？如果我們每一個人都對自己所得的存有感謝心，則世界上每一個人都是善人和菩薩。因此，報「眾生恩」時，眼中無一是仇人或壞人。世上只有壞事，沒有壞人。人做了壞事，只要以後不再犯，仍然是好人。因此，佛法對任何一個人都不失望，這就是將所有眾生都視為「恩人」的緣故。

最後要說「佛七」的意義：為什麼要用「七天」的時間呢？這和整個天體宇宙的運行有關，從古至今，無論東西方，都以「七天」為宇宙運行之一循環。我們的身體和精神活動都是配合整個宇宙的運行而運動，所以用七天的時間來修行最恰當，猶如我們以自己身心的小宇宙來配合大宇宙而修行念佛法門，如果七天不夠，還可再增加至十四天、二十一天，甚至四十九天。

參加精進組的，必須在此修行七天；隨喜的則可來一天、兩天，甚至只參加一支香或幾支香，都比自己在家修行的好。佛法說：「人生即是苦報。」所謂：「業不重不生娑婆，障不重不為凡夫。」平常我們很少感到自己的業重，只有在修行的時候，才會生出「切膚之痛」，而深刻地感覺到生命就是「苦果」。也唯有「知苦」，才會發出真正的道心，因為生而為人已是這樣的苦，那麼三惡道的眾生則更加痛苦。我們「知苦」，所以要好好地念佛修行，以求「離苦得樂」，因為能知道「苦」，才會同情其他更苦的眾生。因此，想要產生慈悲心，一定要先吃苦；吃苦、知苦，並且切實地修行，才會發出真正的慈悲心。

（一九八五年四月二日清明報恩佛七開示，陳明霞居士整理）

# 四、助念的意義及規則

## （一）前言

今天我非常歡喜，能見到這麼多人來參加。我希望諸位不是只來聽一次開示，而是真正地發心，參加本寺念佛會助念團的實際活動。

我們的念佛會已成立兩年多了，也曾經組成過助念組，但成績並不理想。原因是：一則參加的人員太少；二則大家恐怕參加以後，常常要到病危病故的人家去助念；三則大家擔心晚上回家會太遲。因此，既然諸位今天來參加，我祈願，以三寶的加持力，願大家能發長遠心、發菩薩心。

今後，我們的助念團會組成數個小組，各小組的組長之間，能相互調配。只要屬於本會會員病危病故者，不論在什麼情況下，一定要派人前去助念。

## （二）助念的意義

人都會死，但死後往哪裡去呢？若不解脫生死，便是輪迴生死。生死中又有兩條路：一是上生天、人、神的三善道；一是下墮地獄、餓鬼、畜生的三種惡趣。人在世間，如自己平時尚未修行到生死自主的程度，或根本不曾修行也不知道要修行，到臨命終時，都需要他人幫忙助念。那是依靠阿彌陀佛本願力的加持，以及助念者的功德力量相扶助所共同產生的功效。

對病危者而言，首先要使他知道並相信，只要念佛必生淨土。因為，一般人在臨命終時，能得心不顛倒、意不貪戀是不多的，而助念者的佛號，聲聲入耳，正可使病危者避免恐懼、焦慮、捨不得等顛倒妄想，而將念頭導入一心嚮往淨土的正念。如果病危者心裡尚有恐懼、焦慮、捨不得等雜亂心，便會促使他下墮而難以上生。

至於佛的本願力量，根據《觀無量壽經》記載，阿彌陀佛在最初發願時，曾開殊勝方便：雖十惡五逆之人，於臨命終時，若遇善知識，說法安慰，教令念佛，至心令聲不絕，具足十念「南無阿彌陀佛」，即得往生彼佛淨土。今日的助念者，便是病危者的善知識，勸他念佛，也助他念佛，助他至心稱念彌陀聖號，此即是藉著助念者的力量，加上佛的本願力，而使臨命終的人往生淨土。如已解脫生死者，臨終由人助念，便是和他結淨土緣，恭送他往生蓮界。

## （三）助念所需法物

1. 兩把引磬，敲上、下板，不需木魚。

2. 準備一尊金色的阿彌陀佛接引像，佛像高度以病危者躺在床上所能看到者為準。

3. 攜帶香爐，準備檀香或沉香製成的上等末香或線香。若燒線香，則只需一炷即能使滿室生香，長短大小約能燃四十分鐘到一個小時為佳。至於蠟燭，則可帶可不帶，因為現在到處都有電燈。

4. 若能帶些素雅的鮮花最好，如果時間來不及，不帶也無妨。

5. 助念者在一接到助念的通知後，即須心繫佛號，懇切至誠，身心肅穆，直到返家為止，不得輕舉言笑。出家眾衣袍須整齊，在家眾則穿海青。

6. 帶供佛的清水及小杯子，以及助念者自己喝的飲水及杯子。

## （四）助念的方式

助念的方式，可分成兩個段落：

第一，對神智清楚者，應先說法安慰，勸導一心念佛，由出家的法師或助念團領眾的居士來說。內容為：「某某居士，現在請你什麼也不要想，清楚地聽幾句佛法。佛說人有生、老、病、死，這是必然的現象。所以，生，不一定可喜；死，也不一定可怕。離開人間後，若能夠往生西方佛國，最最幸福。現在，用你一生中所做一切善事的功德，求生佛國，一心稱念『南無阿彌陀佛』。如果你還不該往生，阿彌陀佛是大醫王，他會使你馬上恢復健康的。現在大眾來為你助念，你能念，就小聲地跟著我們念，不能念的話，就聽著我們念的佛號，心裡跟著默念。什麼都不要想了，一心祈求阿彌陀佛來接引你往生佛國淨土的七寶蓮池。」

同時，要勸告其家屬，助念時不要向病人噓寒問暖，或讓親友摸頭觸腳，如果方便的話，家屬最好隨著我們一起念佛。假如其家屬根本不相信三寶，不同意我們助念，則不必強求留下，當即刻離去，只有在心中為其助念。

另外，當助念者進入病危者的家裡，千萬不可檢視其衣物，或東張西望，或任意闖入其他房間。如此，則萬一他們家裡丟失東西，我們也惹不上嫌疑了。所以，一進病家的門，供妥佛像，就開始說法助念。

第二，如果病危者已經神智不清了，我們仍然要為他開示佛法。所謂神智不清，可分兩種：1.是身體雖不能動、眼睛不能看、嘴巴不能說，但心裡還是清清楚楚，耳朵可能還聽得見，所以還是當他是神智清楚的人，可以對他做簡短的開示。2.是已經斷氣了，但你不要失望地說：「他已經去了，我們走吧。」既然來了，我們還是要說法及助念的。

人斷氣以後，有三種可能：1.是造大惡業的人，一死以後，馬上墮入地獄、餓鬼、畜生等三塗。2.是淨業深厚的人，死後往生淨土，禪定工夫深厚的人，死後往生禪定天；又善業力量強的人，則往生人間及欲天。3.是隨各人的業力，等待因緣而生於三界中的六道。死後與生前的過渡階段，稱為中有身或中陰身。但是，有的人雖已斷氣，生理上已經死亡，他的神識卻可能認為自己仍然活著，或仍守住遺體而沒有離開。因此，人死之後十二小時內，不要移動死者的身體；最好不要在二十四小時內埋葬或火化，能在一星期之後則更好。在遺體還沒有全部冰冷，還有些溫熱的情況下，不要去摸觸、移動，或撫屍痛哭，因為這樣可能會擾亂亡者的神識。因此我們到達喪家以後，最好能立刻開始念佛。再者，亡者即使已於死後立即下墮、轉生或往生，助念仍然有益於亡者的超生、增福及蓮品高升。

## （五）助念的規則

既然我們相信人死後，神識仍未離開身體，所以正常的助念時間是十二個小時，不可以隨便念幾句就走了。要分成幾組，輪流值班，一組四個小時；或分兩組，每兩個小時輪流休息。

怎麼念法呢？不需要唱〈讚佛偈〉，一開始就舉：「南無西方極樂世界，大慈大悲阿彌陀佛。」接下來連續地念「南無阿彌陀佛」六字洪名。如果我們剛到，病患就要斷氣了，則省略前面二句，就位以後，馬上念「南無阿彌陀佛」。念的時候，自己本身要專注一意，聲音要整齊清越，不要太快太高聲，也不要悲戚或急躁，以一種莊嚴、肅穆，而又和諧、安寧的聲音，輕輕地念。使得病人能在安詳、恬靜、怡悅、自在的情況下往生。至於引磬，也要輕輕地敲，不要太用力。

助念者如果是分成兩組，那麼一組正在念時，另一組不可離開太遠；吃飯的時間，也由兩組輪流交替著助念。能夠維持十二個小時佛聲不斷是最好，如果人員不足，而只能派人去助念兩個小時的話，那也比無人助念來得好。

連續念六字洪名，每次接替換班時，也維持同樣的速度與聲浪，直到助念結束之前，始轉「阿彌陀佛」四字佛號，然後接〈迴向偈〉：「願生西方淨土中，九品蓮華為父母；花開見佛悟無生，不退菩薩為伴侶。」

唱畢〈迴向偈〉，如果病患或亡者尚未皈依三寶，有法師同去時，當由法師為之授三皈依。若僅居士前去，也可代某一特定的法師為之說三皈。為亡者授三皈依時，當請他的全體家人或家人的代表代為接受。皈依詞是這樣的：

1. 我某某人（病患、亡者的姓名），皈依佛、皈依法、皈依僧。（念三遍，每遍就地一拜）

2. 我某某人（病患、亡者的姓名），已經皈依佛、已經皈依法、已經皈依僧。（念三遍，每遍就地一拜）

3. 皈依佛，不墮地獄；皈依法，不墮餓鬼；皈依僧，不墮畜生。（念三遍，每遍就地一拜）

三皈依完畢，接著念〈迴向偈〉：「願生西方淨土中，九品蓮華為父母；花開見佛悟無生，不退菩薩為伴侶。」

如果亡者的家人不會拜佛，也不懂三寶的意義，應當先教他們拜佛，並略說三皈要義。對於未受三皈的亡者說三皈，乃是必須的，應該列為助念的條件之一。說完三皈迴向，就可以離開了。

現在有人用念佛的錄音帶來助念，也不能說它沒有用，只是錄音帶是沒有心的，所以也沒有感應力，以人助念，則可由助念者的願心、信心，來感通阿彌陀佛的願力。錄音帶也能帶動病者念佛，然其氣氛及功效與人助念相比，則大不相同。除非不得已，最好不用錄音帶代替助念。

另外有一項必須遵守的規矩是：助念的人，不接受病患及喪家的飲食招待，不得收受紅包。不僅在家居士沒有理由收受紅包，出家眾也不得因了助念而收紅包，否則便成了變相的經懺應赴了。如果，有些人家因為是他們主動請求我們去助念，不給錢，就好像欠了我們什麼，那就告訴他們：為人助念，是我們修行的法門之一，目的不是為錢而來，若有人要為病危者或亡故者做功德，可到寺院布施供養，但那已是另外的事，當與助念無關。有的家屬一定要給錢，那我們可收紅紙袋而將錢還給他，這種作法成習慣之後，大家便會感到自然。如果出外助念時，既受飲食招待，又收紅包作襯，便失去助念的意義了。

如果經過十二個小時的助念，病危者突然病況好轉，該怎麼辦？這也正是助念的目的之一，能以助念功德為人植福延齡，豈非更好。佛法本為活人的現實所需而設，豈僅為了人死之後的前途應世？

## （六）淨土法門略釋

最後，我要說明的是，由於農禪寺舉辦禪七、禪訓等的活動，許多人便認為我們專事禪修，跟阿彌陀佛的念佛法門是無關的。其實我們一年舉辦兩次禪七，也舉行兩次佛七。本寺有禪坐會，也有念佛會。而且淨土可分為四等：凡聖同居土、方便有餘土、實報莊嚴土、常寂光淨土。不論修禪、修淨，其最終目的，皆是常寂光淨土。修行而不生淨土，豈不是邪見的外道？常寂光淨土是諸佛共證同在的大涅槃境，阿彌陀佛稱為法界藏身，當然不離四等淨土。所以，禪的修行者，既不離彌陀，也必生淨土。禪宗四祖道信大師主張修持「念佛心是佛」的一行三昧；明末的蓮池大師普勸修行念佛三昧，並且主張持名念佛，事念見應身佛，理念見法身佛，事持稱名，理持體究，念佛至事一心得定心，至理一心則明心。明末蕅益大師則以念佛時的斷惑多少來配合往生四種淨土。此皆是禪與念佛法門同舉並揚的例子。

助念固然是為協助病危者求生淨土，同時也是促使助念者自己修行的因緣，助念雖能利益他人，但受益最大的仍是念佛者本人。諸位應當爭取受派助念的因緣，並當以感恩之心，感激成就我們去助念的人；不論為誰助念，無不是成就我們於蓮邦培養蓮胎的殊勝法會。所以，我希望諸位都能發長遠心，來參加念佛會助念團的活動。

## （七）問答討論

**問：**助念的時候，是不是愈快愈好？

**師：**不，不可愈念愈快，否則念的人太吃力，而聽著默念的人，也會急躁不安，最好是平緩地念。

**問：**有些人見到亡者的遺體會害怕，怎麼辦？

**師：**沒有關係的，剛去時會害怕，念佛時就不會害怕了。

**問：**有些人認為由於生辰八字不對，在遇到出殯的時候，就會被沖到或煞到，而倒運害病，是真的嗎？

**師：**那是民間信仰，在佛法裡是沒有這種禁忌的。皈依了三寶的人，便有四大天王派遣三十六位善神隨身護持，助念是去念佛，不僅善神護持，也得龍天護持。所以不必顧慮民間信仰的禁忌。

（一九八六年一月二十五日講於北投農禪寺念佛會助念團，錢果甦居士整理）

# 學佛的基礎

## 一、宗教常識

在世界上，屬於全球性而且歷史悠久的宗教，只有三個：第一，發生於印度的佛教；第二，發生在中東的基督教；第三，伊斯蘭教。基督教和伊斯蘭教的源頭都是猶太教。猶太教是屬於民族性的宗教，直到現在都還沒有改變。東方的中國和印度，也有其民族性的宗教，如中國的道教，印度的就是婆羅門教或印度教，一直到現在，除了印度人很少有異民族的人能夠接受它。

中國的道教，分成兩個系統：屬於哲學的系統是老子和莊子，稱為道家；屬於道術的系統則有金丹派和符籙派。金丹派在於煉丹、練氣，又分內丹和外丹。內丹是煉氣功，外丹是煉金術，就是把金屬煉成丹藥，他們相信人吃了金丹能夠羽化升天、長生不死。符籙派則利用符籙的方法，驅遣鬼神的力量來解決人間的問題，這被稱為道教。中國的道教到現在為止還沒有成為一個世界性的宗教，但在世界性的學術上則有道家這麼一門思想。

佛教在二千五百年前發生在印度。在釋迦牟尼佛涅槃後約二百五十年左右，就成為世界性的宗教了。由於阿育王的緣故，傳播到亞洲各地，甚至於傳播到了歐洲。就東方來講，第一個成為世界性宗教的是佛教，直到現在，東方宗教被公認為世界性的，尚只有佛教。

世界性的高級宗教，必定具備三個條件：教主、教理、教團。以佛教而言，釋迦牟尼佛是教主，佛說的經教是教理，一代一代傳承的弟子所組成的僧團是教團。基督教的教主是耶穌，教理是《聖經》，教團是其門徒、信徒。伊斯蘭教的穆罕默德是教主，《可蘭經》是教理，信徒們是教團。

世界性的宗教歷久而長新，一定有它的原因。可是在歷史的過程中，尚有許多興興滅滅、起起落落的宗教不知其數。可以說自有人的歷史以來，就有無量數的人發生無量數宗教的要求和現象：有地區性的、民族性的、部落性的，還有時代性的。那些宗教產生的現象都是從神鬼感應的神祕經驗而來，在西方的古代社會，將之視為巫、魔，不許傳播，在東方則往往偽稱是佛教，故被正統的佛教稱為附佛法外道，他們沒有本身的理論和制度，所以起起沒沒。在今天這個開放的時代，多元的社會中，新興宗教就如雨後春筍了。在歐美、日本、臺灣、香港，甚至在中國大陸，都有各種新興宗教的蹤跡，從只有幾十人、幾百人、幾十萬人，而到幾百萬人的都有。只是過了一段時間，或當其創教者謝世之後，吸引力便漸漸微弱，信徒也就慢慢地不見了。像這樣的宗教，在我們美國的華僑社會裡也發現不少。

## 二、佛教的歷史及其現勢

### （一）佛教發生在印度

佛教發生在印度。印度佛教一共分為三個時期。一是釋迦牟尼佛在世的時候以及釋迦牟尼佛入滅以後的一段時間，稱為原始佛教時期。那是非常樸素、樸實的佛教。釋迦牟尼佛反對祭祀的迷信，反對偶像的崇拜。他主張人人應該依照他的教理去做，依照他制訂的戒律去行，而不是把個人當作神來崇拜。他常常說：「我不領導人，我也是僧中的一分子。」佛是用平實的理念和方法，幫助眾生解脫身心的苦難。佛經的對象是人，是為度人。

佛滅以後三、四百年左右，佛教的思想漸漸產生地域性、思想性的變化。由於印度氣候、語言、民族的不同，流傳的佛教在思想型態上便產生了種種變化。不同的老師在各化一方的時候，為了適應當時當地社會大眾的需求，就產生了不同的思想和不同型態的派別，所謂部派佛教，便因此產生。部派佛教時期注重理論的整理和觀念的辨明，有重視個人解脫的傾向，因此部派佛教便被後來的大乘佛教評為小乘。但它本身又分兩大部分：比較保守的叫上座部，比較開放的叫大眾部。

小乘的意思就是只求自了、自度、自利。不過小乘也同樣勸人家來修行，也同樣傳播佛法。就像是自己有一輛小車子，也給別人一輛小車子。他乘了這輛小車子能夠證涅槃、了生死，也勸人家乘這樣的一輛小車子去證涅槃、了生死，所以小乘法是大乘法的基礎。

大乘佛教，是在佛涅槃後五百年到一千年之間漸漸產生的佛教型態。它一開始就強調，為了廣度眾生，為了成就佛道，要發廣大的菩提心。大菩提心的意思就是「但願眾生皆離苦，不為自身求安樂」。

印度的大乘佛教又分成三個派系：根據般若的思想，產生了中觀學派；根據唯識的思想，產生了瑜伽學派；根據唯心的思想，產生了如來藏學派。今天只是給諸位一個概念。這三大學派又可歸納為二類：第一，是空的，叫中觀派。第二，是有的，分為唯識的有和唯心的有。唯識的有叫瑜伽派，唯心的有叫如來藏派。

## (二) 佛教自印度向北方傳播

佛教從印度向北方傳播，分成兩個系統。第一個系統是中國的中原漢民族文化圈，第二個系統是中國的邊疆，西藏、蒙古文化圈。佛教初傳中國大約是在西元六十七年，由迦葉摩騰及竺法蘭兩位梵僧，以白馬馱經，來到洛陽。第一部佛經傳到中國，譯成漢文的是《四十二章經》。以漢文經過一千多年的傳譯，便形成了中國的漢民族佛教。漢民族的佛教又往外傳，首先傳到韓國，接著又從韓國傳到了日本，日本從韓國得到中國的佛教之後，又派留學生到中國來求法。從隋唐迄宋明，日本人得天獨厚，把中國佛教的各宗各派都傳了過去。中國的很多佛教經典，在三武一宗等教難之後，被毀掉了，可是日本人卻保持得好好的，這點我們應該感謝日本。除了韓國、日本以外，還有越南的大乘佛教，也是從中國傳去的。

中國的佛教，通常號稱大小乘十宗。小乘有俱舍及成實的兩宗。後來俱舍宗併入唯識宗，成實宗併入三論宗，只剩大乘八宗，它們是：天台宗、三論宗、華嚴宗、律宗、淨土宗、密宗、禪宗和法相宗。這八個宗派之中到現在為止，以禪宗和淨土宗的勢力最強。實際上，中國的寺院多屬禪宗。但只修禪而不念佛的寺院為數很少，故又開出禪淨雙修的法門。天台宗、唯識宗、華嚴宗多半是屬於學問的研究，專修的寺院和徒眾不多。所有的出家人通通都要受戒，目前已沒有固定於律宗寺院才能傳戒，僅有少數持律、學律的僧侶，並無特定不變的律寺。在一九四九年前的中國大陸，真正律宗的寺院大概只有數個。密宗於唐朝傳到中國，後來再從中國傳到日本去之後，中國自己的密宗就不見了。中國人為什麼不喜歡密宗？這可能跟中國的儒家思想有關係。密宗的加持、神力、咒力等觀念，在中國儒家思想的角度看來是很特異的現象，所以在漢語文化圈的中國不能盛行。

西元第七世紀，後期的大乘佛教自印度向北傳的另一個系統，便首先傳到西藏，後來傳到蒙古，這是屬於蒙藏文化圈的佛教。當時的印度佛教，已是密教盛行期，進入西藏之後，漸漸地適應當地人的需求，跟原住民的宗教信仰結合，而變成我們現在所講的西藏密宗。密宗在印度本身是屬於唯心系統的一支佛教。

## （三）佛教自印度向南方傳

西元前二百四十年時，佛教從印度開始向南方傳至錫蘭，成為另外一系。然後傳到緬甸，再傳到泰國及現在東南亞地區的寮國、柬埔寨和高棉等地。這是屬於上座部的佛教。因為當地原來沒有高級的宗教，也沒有哲學思想的文化背景，所以佛教傳過去之後並沒有多大的改變。故我們要了解比較樸素的佛教，可以在南傳地區找到若干痕跡。

## （四）佛教傳向歐美及全世界

佛教傳到歐美，最早的是屬於南方上座部系的，特別是歐洲基督教的傳教士們，隨著殖民主義的政治勢力到了東南亞及西南亞地區，接觸到當地的佛教，並將佛典譯成歐美語文。例如有名的《世界佛教聖典》的翻譯，即是以南傳的巴利文三藏為主。諸位可以看一看，那是部好書。

其次，是傳到歐美來的日本系的禪。日本系的佛教也有許多宗派，其中的淨土真宗和日蓮宗，已是日本本土文化的宗教。唯有日本的禪宗，還比較保持著由中國傳去的風格。因此，歐美人士願意接受的是日本的禪。早期傳到美國的日本禪，其貢獻最大的是鈴木大拙。他首先在哥倫比亞大學演講禪，然後他的禪思想風靡全美、風靡歐洲。漸漸地，日本有許多禪師首先登陸三藩市，然後到東部，現在已傳至中西部。目前，日本的禪也到了歐洲。

第三個傳到歐美的佛教，是屬於西藏系的密教。一九五三至一九五八年間，達賴喇嘛帶著幾萬人從西藏到印度。年輕的喇嘛們非常努力地學習英語，並且移民到世界各地。因此，歐美的很多地方都有西藏人的蹤跡。伴著這些移民出來的喇嘛們，多是經過長時間修學訓練的優秀分子。他們從七、八歲做小喇嘛開始，就接受規律層次的佛教教育。到了二十多歲的喇嘛已經能夠說法利生了。有的是出來之後，就參加當地的語文學會，我剛來美國，見到那些移民的年輕喇嘛就感到慚愧。因為他們用英語跟我談話，我不及他們。

西藏的喇嘛適應力非常強。他們出來以後傳教的主要對象是當地人。七〇年代之後，西藏佛教，漸漸成為世界舞台上極受矚目的一派，到處都可以看到西藏中心。達賴喇嘛旅遊世界各地，處處造成轟動。有一位曾在英國留學後到美國的喇嘛，叫邱陽創巴（Chögyam Trungpa），他在科羅拉多州的丹佛市創立了一個西藏中心叫作 Naropa Institute，四、五年之間，已在美國成立了一百三十幾個分支中心。雖然他於前二（西元一九八七）年過世之後，這些中心漸漸地一個一個地萎縮，但他的著作，還有相當大的影響力。

我們漢語系的佛教，非常慚愧，到現在為止，移民來美的佛教徒，都還僅在華僑社會活動，歐洲則尚無人去。其原因是我們中國佛教沒有系統和計畫的教育！沒有基礎教育，沒有層次教育，更沒有高等教育。中國的佛教，不是說我們出家人無能，實在是沒有受到好的教育！

所以，我們要辦佛教的教育，來培養弘法利生的人才。在我們的中華佛學研究所裡，日語和英語是必修的科目，希望畢業後的佛教人才，不做國際語文的文盲。就世界性的弘傳來講，中國佛教尚在起步的階段。

從歷史看佛教，曾經歷過分宗分派，一分再分的情形。現在，各宗各派的佛教徒，大家都試著要走出自己的地域，走向共同的世界，所以漸漸地又要滙合成為一家了。過去小乘罵大乘，大乘罵小乘。小乘佛教說大乘不是佛教，大乘說小乘是自私鬼。藏傳的佛教罵我們顯教不懂修行，沒有修行的方法；漢地的顯教則罵藏傳的佛教都在弄鬼弄神。這樣互相對罵的現象，已在改善之中，正在趨向彼此諒解、互相學習。西藏佛教有很多我們所沒有的東西，我們的研究所也在訓練專門的藏文人才。計畫將一部一部的藏文佛典翻成漢文。臺灣的妙林佛學研究所，則已在從事南傳巴利文三藏的漢譯工作。

## 三、佛教及其基本教義

### （一）佛教以三寶為中心

所謂三寶，即是佛、法、僧。佛教即是因「佛」得名，釋迦牟尼佛經過無量世的修持，最後成佛。他將成佛的過程、修行的方法、修行的道理說出來，就是「法」寶。如果沒有佛也就沒有法。可是佛只有一人，無法度脫廣大的眾生。而且佛涅槃後，凡夫不知道佛在哪裡，所以要學佛法就得跟「僧」學。僧有聖僧及凡夫僧。初地以上的菩薩及初果以上的出家人為聖僧，一般的出家人為凡夫僧，住持佛法，則以凡夫僧為主。聖僧在凡夫群中出現，也當以凡夫身、凡夫相來接觸凡夫，化導凡夫。所以佛教史上的人物，凡被稱為菩薩、被稱為佛、被稱為聖僧的，都不是他們本人所說，而是他的弟子所說或是後人所說。像印度的馬鳴、龍樹、無著、世親都被後人稱為菩薩，他們沒有自稱聖者、菩薩。中國天台宗的智者大師，後來有人稱他為東土小釋迦，但他自己說仍是未得六根清淨的凡夫。永明延壽禪師，後來有人稱他為阿彌陀佛再來。故將他的生日農曆十一月十七日，當作阿彌陀佛的誕辰。可是永明延壽並未自稱是阿彌陀佛。事實上如果有人自稱聖人，自稱是佛，那就有問題了。

## （二）佛教以四聖諦為基本教理

所謂四聖諦，一是苦的事實，二是苦的原因，三是滅苦的方法，四是滅苦以後所得的結果。

人生在世，從生到死，有苦有樂。不過，樂是苦的代價，也是苦的開始，所謂苦盡甘來，所謂良宵苦短，都說明了樂的本身，是用苦換來，樂的情況不能持久，佛法稱為壞苦。其他的生老病死等，叫作苦苦。人生的事實，本身就是苦果。苦的種類很多，苦苦一共有八種：生、老、病、死、愛別離苦、求不得苦、怨憎會苦、五蘊熾盛苦。五蘊熾盛是指身心互相交迫而有生死的連續。

苦的原因稱為「集」，是因為自己不了解世間一切都是假的而厭苦欣樂，求到了樂，還得求安全，永遠不覺安全，那就貪得而無厭了。迷信有錢能使鬼推磨，那就拚命地賺錢。有錢的不肯用，沒有錢的拚命追。這都是苦的原因。今生為了厭苦而求樂，所以造作殺、盜、邪淫、妄語種種業。造種種業，在因緣會合時便受種種報，善有善報，惡有惡報，這是苦的原因。下面我們要講滅苦的方法。滅苦的基本方法是八正道。我們要離苦應修正道，修正道必須具備正知正見：深信世間一切現象均不離因果的定則；思惟世間的一切現象都是因緣和合而成。能相信因果就不會貪便宜或對自己的行為不負責任，也相信真正要離苦成佛一定要靠自己的努力。能體驗到世間一切現象都是緣起的、無常的，就能勝不驕、敗不餒，成功是大家的幫忙，眾緣所成，而所成就的事，也是常常在變。比如我們現在是煩惱凡夫，將來可能成佛，佛以大慈悲、大智慧，啟發一切眾生自己本身的善因緣、善福德而去度眾生。信因果、明因緣，就是正知正見和正思惟。

有了正知正見之後，要有正確的修行：第一，要有正當的職業，凡是跟殺、盜、淫、妄、酒五事有關的職業，都應該盡量避免。第二，要有正當的生活方式，不沉迷於吃、喝、嫖、賭等糜爛的生活。第三，要有正當的言語行為，不妄語，不兩舌，不惡口，不綺語。除此之外還得努力持戒，努力修定，努力求智慧。凡是有損於人的事絕對不做；凡是有利於人的事非做不可，算是菩薩戒的精神。持戒清淨，並以禪定的方法，使得身心經常處在平衡的狀態，才能使信心堅固，努力讀誦經典，聽聞佛法，如法修行，便能開發智慧，有了智慧，方能滅苦。

滅苦以後所得的結果，以小乘來講是解脫生死，從我們這凡夫世界生死之中出離。大乘的解脫，則是仍在凡夫的世界度眾生而不為凡夫的煩惱所困擾，這叫作大涅槃。

## 四、佛教的特色

佛教的特色在於涵容而有層次、正信而不迷信、神聖而非神祕。

### （一）涵容而有層次

佛教是以「法」為救濟，不是以人或神為救濟。佛法對世間的一切法沒有偏執，所以是無我、慈悲、智慧的。因此世間的一切善法，都是佛法，任何對社會人心和生活有幫助的宗教、哲學、知識、技能，都不排斥。所以佛教是涵容世間所有善法的。

佛教把善法，分為五個層次：人、天、聲聞、緣覺、菩薩。

人，是指具足完美的人格。盡人的責任和義務，這是最基層的條件，若加上修行利他的布施，當然更好。行善的定義是窮則獨善其身，達則兼善天下，獨善是人的善法，兼善是天的善法。具備人天標準，再加上禪定及智慧等的修行，最後得到解脫而進入涅槃的，是聲聞及緣覺二乘的層次。以人天善法做基礎，發大菩提心，永無止境地為他人的利益而努力，不求回饋地為眾生服務、貢獻，這是自覺覺他，大乘菩薩行的層次，菩薩的最高層次便是佛，是以上述的四個層次為基礎而達到空、無相、無願的境界。

## （二）正信而不迷信

「迷信」有四項特徵：盲目崇拜、不合情理、似是而非、邪正不分。

所謂「盲目崇拜」，就是人云亦云，聽說某人神通很靈，就不經理性的思辨而趨之若鶩。這好像有事時聽說找流氓比警察有效，便找流氓幫忙一樣。流氓可能在一時間比警察管用，為你解決了當前的問題，但是它的後遺症是可想而知的。

所謂「不合情理」，是指違背因果原則。例如相信「稻無天水不發，人無橫財不富」，而不擇手段，大做投機生意，謀取不合理的利益，大放高利貸等，都是不合情理的。帶來的後果，很可能是身敗名裂，甚至傾家蕩產，家破人亡。又如媚鬼賄神求橫財，或用符咒求橫財等，縱然能讓你一時間好像發了財了，可是來得快，去得也快。凡是不合情理的，不論借神的力量也好，鬼的力量也好，人的力量也好，因其不合乎因果的道理，所以是迷信。

所謂「似是而非」，是指任何宗教都有它自己的一套道理。有的說靠神的力量或加持的力量，只要信他、依他，一定會靈、一定會驗，可以叫你即身成佛，立刻開悟，或是有病祛病，沒病消災。在他們開出的萬靈保單上也有冠冕堂皇、似是而非的理論，但是對真正的原因則諱而不談。對這樣的宗教，最好謹慎，以免後患。

所謂「邪正不分」，是指鬼神現象所製造的迷信，是不分邪正的。鬼神往往通過靈媒及乩壇等的工具，以勸人為善、助人為樂的善良姿態，誘人去信從，當你進了他們的門之後，則是順之者昌，逆之者亡，威脅利誘，使你恐懼，也使你馴服，若要脫離則可能會發生身心的障礙及家庭和事業上的困擾了。他們的是非標準與常人不同，他們的因果觀念也曖昧不清。

佛教的「正信」，就是以佛、法、僧三寶為信仰的對象。信佛，不是崇拜佛的肉體，而是崇拜佛陀的智慧和慈悲，以及佛陀留給我們的恩德。

信佛陀的教法，使我們依教奉行而達到自利利他的目的。釋迦牟尼佛臨要涅槃之時，有弟子問他：「您老人家入滅後，我們怎麼辦呢？」佛說：「你們應以法為師，以戒為師。」就是依賴佛所說的正法，建立信心，如法修行，就能得解脫，證菩提。

信教團的比丘、比丘尼僧，由僧代代相傳，傳法受戒，以僧代表三寶，住持佛法。以僧寶為正信的對象，並不等於把出家人神格化，而是出家人以法為師，依戒而住，以定、慧自修，並教他修，即使他們還沒有成佛，也沒有開悟，出家人的形象，已為佛教做了清淨離欲的表徵。

正信是信佛、法、僧三寶，缺一不可。如果只信佛而不信法、不信僧，這等於是信鬼神一樣；如果只信法而不信佛、不信僧，這等於是書呆子一樣；如果只信僧而不信佛、不信法，這等於是拜了個乾爹娘一樣。一定要佛、法、僧三寶具足，才算是正信的佛教。

## （三）神聖而非神祕

「神祕」是高不可攀但又可以感覺到他的威力；處處可以控制你但又不知他從何來；隨時可給你照顧但又不知是何理由；隨時可給你懲罰而又處處尋他不著；往往表現出超乎常情的能力，卻又未必真的對你有用。這些現象，有的是由人操縱的幻術，有的是出於自我的心理反常，有些是真的由神鬼的靈力所產生。

佛、法、僧三寶是神聖的。佛是偉大人格慈悲與智慧的究竟圓滿者；法是除煩惱證菩提的道理和方法；僧是上求無上正覺，下化無邊眾生的修行者。此三者均非一般世間的宗教所及，所以是不可思議的神聖，而非鬼神伎倆的神祕。佛教徒要發無上的大菩提心，學佛、修法、行菩薩道，以佛法幫助眾生，使眾生已生之惡速斷、未生之惡不生，此即令眾生早日得離苦。還要使眾生已生之善增長、未生之善速生，此即令眾生早日得安樂。不為自己求安樂，但令眾生得安樂，便是無我的大菩提心。不必用大菩薩及活佛的形象來勸導人，而是顯現眾生相來勸化眾生於不著痕跡之中。所以是神聖而非神祕。

## 五、佛教與非佛教的區別

### （一）無神與有神之別

佛教是無神論的宗教，但也不是唯物論。佛教主張眾生所接觸到的一切現象，都是因緣起、因緣滅。我們這個世界的形成，是由生到這世界來的那些眾生，過去所造種種業，而感受到的結果，這叫作「業果」，或稱「業報體」。共同的環境是由共業所感；各人的環境和身心，是各自所造的別業所感。因為是由眾生自造而不是神所創造，所以是無神論的宗教。但是佛教並不否認各種神鬼。只是佛教所講的神鬼是眾生的類別，而不是宇宙的主宰。

佛教以外的宗教都是有神論者，有三種類別層次：

1.原始型態的多種信仰：認為宇宙間的任何現象，都有各類不同的神在掌管，以水為例，江有江神，海有海神，小溝有小溝的神，廚房、廁所，乃至一草、一木都有特定的神明在管理。這些神和神之間，沒有領袖，彼此各不相屬。

2.中央集權式的多神信仰：例如中國的道教、印度的婆羅門教，都是在眾神之上有一個最大的神，統攝所有的神。中國的道教是元始天尊，又叫玉皇大帝；印度的婆羅門教是大梵天，又叫濕婆神。

3.唯一神論的宗教：相信自己所信的是唯一的創造和毀滅宇宙的主宰神，其他一切靈界靈體的神明通通是魔鬼，比如猶太教、基督教、伊斯蘭教。

## （二）淨化與神化、俗化之別

「神化」是除了佛教之外的其他一切宗教所共有的特徵。他們相信神明能主宰人間禍福，而把自己的命運全部交給不可知、不可測的神明。有的宗教相信神是全知全能的，能使我們上天國，也有權使我們下地獄。不因犯過而不升天國，也不因行善而不下地獄，但看是否信神信得徹底。信者升天國，不信者不得救而下地獄。這一類的人，如果信心堅定的話，雖跟佛教的理論不相同，也往往非常有修養，但難免有點類似澳洲的鴕鳥。另有一種信仰，是仗神的力量使自己修練成神。附佛法外道便說以他們的加持力，可以即身修練成佛。這些神化的宗教，就好像拮据之時向地下錢莊告貸一樣。一時之間錢是有了，但不是自己的。也像挖肉補瘡，雖然解決一時的問題，跟著衍生的問題，終究無法解決。

至於「俗化」的信仰，則是以賄賂神明來祈求神明，賜給世俗之間大家所需要的近利和暴富。拜財神求發財、拜註生娘娘求子息、拜媽祖等海神求海上平安、問卜命運求黃石公，乃至為了彩券中獎求土地公，過節祭祖、吉慶祭神希望保佑子孫平安。這些就是俗化的信仰了。

佛教不否定俗化的民間信仰和神化的各級宗教，都有其一定的作用。但是肯定淨化的佛教，則對世道人心更加有用。佛教以佛、法、僧三寶化導世間，又以不殺生、不偷盜、不邪淫、不妄語、不飲酒等五戒來淨化人間的身口行為，再以禪定的工夫淨化我們心理的行為，更主張以理性的智慧處理自己，利益他人。若能依教奉行，對自己則身心健康，對他人則家庭和樂、社會安寧。佛教的淨化人間，也具足神化的功能和俗化的力量，確不會由於神化、俗化的偏頗而造成個人的困擾及社會的失衡。

## 六、基礎的修行方法

佛教的化世功能，就是以佛法來淨化人間，提昇人品，使得眾生，既得現世利益，也得後世安樂。如何達成其目的呢？便是依照佛陀所說的教法去實踐、去修行。

基礎的修行方法，不出福業、定業、慧業。福業是指布施與持戒，定業是指禪定，慧業是指智慧。以修「布施」、「持戒」的功德，可得人天福報，也可進而成就佛果，唯有佛陀堪稱福智圓滿的人。以修「禪定」的功德，可得現實的生理健康及心理平衡，也可進而於身後直生禪天、梵天，更可成就佛果，唯有佛陀的定境最高，故有「如來常在定，無有不定時」的功力。有了深定、大定，才能有大慈悲與大智慧。以修「智慧」的功德，可於現世少欲知足、少煩惱，進而能得離苦、斷苦得解脫，最後能以大智深慧度無量眾生。

## （一）如何修布施

人類為了生活的保障及生命的安全，必須養成隨時儲蓄的觀念和習慣，儲蓄的方式可有兩種：一是有限的，一是無限的。有限的是以財產存於銀行，無限的是以財產存於社會。前者是為保障個人及家庭的安全，後者是為保障整體社會的安全。個人不離全體，所以兩者的儲蓄，都有利於個人。

儲蓄的時間也有兩種：一是現世的儲蓄，二是永恆的儲蓄。現世是於即身的自我獲得回饋，永恆則是於無限的未來享用不盡。一般的銀行存款及現實的社會福利，都能立竿見影，所以是為現世利益而儲蓄。佛教的弘化事業，護持三寶，以佛法救濟人心乃是無盡藏的儲蓄，因為一個人向十個人弘傳佛法，不僅十人獲益，以十人若各傳十人即成百人，以百人向橫面是對當今社會、當今世界傳播佛法，向後世是對無盡的未來社會傳播佛法。只要是佛法所到之處，只要有佛法傳流之時，你的功德就跟著傳遍，跟著傳流，那豈不是永恆而普遍的儲蓄嗎？

因此，我們應當努力儲蓄，以聚沙成塔、集腋成裘、滴水穿石的方式，積少成多，日復一日，以我們有限的物力、智力、體力、心力不斷地修行布施功德。為目前固然要布施，為永恆更加要布施。唯有布施功德最容易做，隨力隨心。布施貧病是大功德；擁護佛法，培養弘法的人才，功德更大。

## （二）如何修持戒

持戒的目的是在改過遷善。改過為不造一切惡業，可得離苦的果報；遷善為努力一切善業，可得幸福的果報。如果只求離苦得樂而不從身心行為方面切實改過遷善，便與常情常理的因果定律相違。

佛法教人持戒的內容，有兩種層次：一是自利自保的五戒，二是利樂眾生的四種精進。

前者的五戒是指：

1.不殺生，主要是不殺人。

2.不偷盜，主要是不取非分之物，不收不義之財。

3.不邪淫，主要是不違社會秩序，不悖人間倫理，不妨害家庭，不損傷健康。

4.不妄語，主要是不以語言使得他人受到損害。

5.不飲酒，應包括麻藥在內，主要是不以飲用酒精及麻藥，失去自制能力而去做出殺、盜、淫、妄的犯罪行為。

後者的四種精進，又稱為四正勤。那就是勸導他人除一切惡、修一切善，也正是〈七佛通誡偈〉的頭兩句所說：「諸惡莫作，眾善奉行。」已作之惡令中止，未作之惡令不作；已行之善令增長，未行之善令修行。努力不懈，修行這四句話，叫作四種精進。前兩句是為眾生拔苦，後兩句是給眾生帶來幸福。拔苦予樂，正是大悲心的菩薩行。如何能夠勸導世人，同來修行這四句話，那就先要以現世的利益、現前的好處來使他們感動，進而接受你、相信你。所以通常要以布施做為入手的方便。

## （三）如何修禪定

禪定的意思是心無二念，開始練習時必有方法，方法的作用是使得我們的心念由散亂狀態而至集中狀態，再由集中狀態而至統一狀態。到了統一的狀態，便稱為定，但是統一狀態也有不同的層次：由身心的統一，至內心與外境的統一，再進一步，便是前念與後念的統一。要想達到前念與後念的統一，必須經過前念與後念的連續如項鍊，一念扣一念，念念同一念一樣的念頭，然後才能把前後念的間隔消化，僅剩下一念的存在，此時即是止於一念，名之為定。到了連此一念也不存之時，便是即定即慧。

初修禪定之時，可有許多方法，舉凡禮拜、誦經、念佛、持咒、梵唄、經行等，都為達到安心、靜心和淨心的目的，主要由於修行而使身心平衡，都是定的功效。如果沒有高明專長的老師，以上所舉各項，都是佛經中處處可以見到的修定方法，安全可靠而不會產生副作用及後遺症。不過這些均屬於散心修定。

如果遇到對禪定已有經驗，並對佛法有正知正見的老師，就向他們學習專心修定的方法。那是指的禪觀法，或被稱為止觀方法，禪宗則稱為參禪的方法。

禪觀的方法，一定不離三個原則，那就是：調身的姿勢，調息的呼吸，調心的專注。以放鬆身體的肌肉，也放鬆頭腦的神經為基本的要求。正確的姿勢，包括行、坐、立、臥四種，以輕鬆端正為原則。正確的呼吸，以自然的速度為原則。正確的專注，則以只顧方法不問得失為原則。如果企圖心強，急功好利的心旺盛，便會為你帶來魔境的困擾。必須要有佛來佛斬、魔來魔斬的心理準備，才會安全。所謂斬佛斬魔的意思是說，不論可喜或是可怖的任何景象及感受出現，都把它當作幻景及幻覺處理。否則若遇惡境易生退心，甚至毀謗三寶，指為修行不得好報。若遇善境易生慢心，甚至宣稱得大神通，證了聖果成了佛，那就太可憐了！

## （四）禮拜與讀誦

禮拜的方法，與合掌的方法相連。其動作最好請一位法師或居士，給你當面示範。

至於禮拜什麼？為何禮拜？初入佛門是有求禮拜及有相禮拜。求平安、求智慧、求幸福，是正常的心態。所謂有相，是指有對象、有目的。面對佛菩薩聖像，或對特定的佛經，每天定時定數禮拜，為己為他，消業障、除煩惱。學佛既久，便知無求無相才是修行的究竟目標，所以每天照樣面對佛菩薩的聖像禮拜，只是一種恆課。

讀誦的佛經，但視為了什麼目的，再看能有多少時間。通常佛教徒們讀誦的經典，不出《心經》、〈普門品〉、《阿彌陀經》、《金剛經》、《藥師經》、《地藏經》，一部分有較多時間的人，可以讀誦《法華經》、《華嚴經》。誦經的方式，如係一人，可用木魚，也可不用木魚，兩人以上同誦，則須用木魚。最好確定一部經，發願在一定的期限內誦完多少遍，不要今天誦此經，明天又換另一經。誦經不為求解，只求字音不錯，不用知道經義為何。

至於看經是為知解經義，包括上舉讀誦的諸經，另外有《無量壽經》、《觀無量壽經》、《楞嚴經》、《圓覺經》、《勝鬘經》、《維摩經》、《楞伽經》、《解深密經》、《涅槃經》、《大般若經》等。不過我自己是從四種《阿含經》下手的，其先後次第是《雜阿含經》、《增一阿含經》、《中阿含經》、《長阿含經》。要看論典則有《大乘起信論》、《寶性論》、《俱舍論》、《瑜伽師地論》、《中論》、《大智度論》，以及《六祖壇經》等。看完這些經論時，你已是一位佛學的通家了。

## （五）念佛與持咒

念佛與持咒，本來源於修定的方法之一，然在淨土教及密教獨立成派之後，便與修定的方法分了家。如果站在整體佛法的立場來說，仍是彼此呼應的。

念佛的方法，可以涵蓋念一切佛與一切菩薩的聖號在內，未必單指念的阿彌陀佛。例如七天之中單念阿彌陀佛，稱為彌陀七；單念藥師佛，稱為藥師七；此外尚有彌勒七、地藏七、觀音七、文殊七、普賢七等。

如何念佛？有兩大類：一是散心念，二是專心念。前者可在任何時間的任何場合，以出聲念或心中默念，甚至一邊跟人談話一邊照常念佛。至於後者是剋期取證的念佛法，在特定的專修期間所修的方法，通常用連續念、高聲念，自聽其聲念，印光大師則勸人用數數念，數數與計數不同，計數是用念珠計算，數數是每念一句佛號默數一個數目，念至十句，數到第十，再從第一數起，如是周而復始，便會達到專注的效果。念佛念至「一心不亂」的狀況，必定是專心念佛而非散心念佛。

至於持咒，許多人以為凡是持咒即是修密法，其實不然，正規的密法，必由上師的師師相傳，必有儀軌修法。一般的持咒，則與持名念佛類似，故在顯教各派，乃至明朝以下的中國禪宗，也用許多明咒。持咒之法，是口誦、耳聽、心惟，身、口、意三業相應，持咒才真得力，那也是定的一種。若以散心持咒，當然也有功德及感應。持何咒文？則端視各人的心向習慣及因緣而定。通常的人多持〈大悲咒〉、〈觀音咒〉、〈準提咒〉、〈吉祥咒〉、〈藥師咒〉、〈地藏咒〉、〈往生咒〉、〈楞嚴咒〉等。可以用數珠計數念，也可以計時念。

## （六）如何修智慧

依據大、小乘經論所介紹的智與慧，有所不同。「智」有世間智與出世間智，世間的知識以及世間的聰明才智，都以「我」為中心，不論是個體的小我或全體的大我，都未脫離我執煩惱，所以名為世間有漏智。唯有超越了自我中心的一切心理或精神的運作稱為出世間的無漏智。開悟即是無漏智的功能顯現，開悟時對自己斷煩惱、除執著，開悟後對眾生施法雨、濟苦難。自度度人而又自知自覺，無我亦無眾生。

至於「慧」共有三等，稱為聞、思、修的三慧：

1. 聞慧是依聽聞佛法，閱讀佛教經論，理解佛法所說的道理和修行的原則。

2. 思慧是依所聞的慧解，如法修行，一邊仍依經教，一邊已從修行過程獲得體驗。

3. 修慧是從思慧更進一步，不依經教，大用現前，然其終亦不會與經教相違。

## （七）誰有正知正見？

初學佛法的人，應當多聽具有正知正見的法師和居士說法，多讀本文所舉的佛教經論，多閱正統佛教的現代著作，同時加上因解起修，便是入佛門，開啟智慧的最佳途徑。

至於誰是具有正知正見的法師和居士，當以人的立場及理性的角度來判斷，如果老是說神話、說鬼話的人，常常表演神通、蠱弄神祕的人，自稱是聖、是佛、是神、是菩薩的人，運用扶乩引鬼、啟靈降神等靈媒型態的人，縱然也用佛經、佛語，實則都是附佛法外道。

至於現代正統佛教的著作，最好是已經被收集於叢書、套書如《現代佛教學術叢刊》等的作品，那是經過專家過濾好的，可以信賴。

佛教徒的學佛目的，是在以智慧及慈悲來自利利他，而不是以怪力亂神及稱聖稱佛來迷惑眾生。智慧必然是合乎因緣觀念及因果觀念的，必然是合情合理的。慈悲的表現，不在於討好殷勤，乃在於感謝恩人，原諒仇人，幫助苦人，救濟窮人，調伏狂人，啟導愚人，感化惡人，鼓勵善人，警策懶人，醒覺迷人。那便是以全心關懷一切眾生的菩薩精神。

（一九九〇年十月二十七日講於美國加州南灣華僑文化中心）

案：本文講出時的題名是「佛教基本大意」，由鄭素珠女士從錄音帶逐字抄下，我再予兩度刪減，並且增加了第六項，一九九一年元旦完成此稿，改為今名。

國家圖書館出版品預行編目資料

佛教入門 / 聖嚴法師著. -- 三版. -- 臺北市 : 法鼓文化, 2016. 09
面； 公分
ISBN 978-957-598-711-4 ( 平裝 )

1. 佛教

220 105006792

學佛入門 1

# 佛教入門

*Introduction of Buddhism*

著者 聖嚴法師
出版 法鼓文化
總審訂 釋果毅
總監 釋果賢
總編輯 陳重光
編輯 林文理、李書儀
封面設計 化外設計
內頁美編 小工
地址 臺北市北投區公館路一八六號五樓
電話 (02)2893-4646
傳真 (02)2896-0731
網址 http://www.ddc.com.tw
E-mail market@ddc.com.tw
讀者服務專線 (02)2896-1600
原東初出版社 一九七九年初版，一九九五年修訂版
三版八刷 二〇二三年八月
建議售價 新臺幣二五〇元
郵撥帳號 50013371
戶名 財團法人法鼓山文教基金會—法鼓文化
北美經銷處 紐約東初禪寺
Chan Meditation Center (New York, USA)
Tel: (718) 592-6593 E-mail:chancenter@gmail.com



法鼓文化